大学英语教学创新发展研究

何娟 著

延吉·延边大学出版社

图书在版编目（CIP）数据

大学英语教学创新发展研究 / 何娟著. -- 延吉：延边大学出版社，2024. 8. -- ISBN 978-7-230-07023-2

Ⅰ．H319.3

中国国家版本馆 CIP 数据核字第 20245Z916R 号

大学英语教学创新发展研究

著　　者：何　娟
责任编辑：魏琳琳
封面设计：文合文化
出版发行：延边大学出版社
社　　址：吉林省延吉市公园路 977 号
邮　　编：133002
网　　址：http://www.ydcbs.com
E-mail：ydcbs@ydcbs.com
电　　话：0433-2732435
传　　真：0433-2732434
发行电话：0433-2733056
印　　刷：三河市嵩川印刷有限公司
开　　本：787 mm×1092 mm　1/16
印　　张：11.75
字　　数：178 千字
版　　次：2024 年 8 月　第 1 版
印　　次：2025 年 1 月　第 1 次印刷
ISBN 978-7-230-07023-2

定　　价：68.00 元

前　言

在当今全球化与信息化的时代背景下，大学英语教学作为高等教育的重要组成部分，面临前所未有的机遇与挑战。随着国际交流的日益频繁和信息技术的飞速发展，培养具有扎实英语语言能力、跨文化交际能力和自主学习能力的高素质人才，成为大学英语教育的核心目标。因此，对大学英语教学进行深入的理论探讨与实践创新，不仅是提升教学质量、适应时代需求的必然要求，而且是推动教育现代化进程的关键举措。

本书聚焦于大学英语教学的创新发展，旨在通过深入剖析教学理论基础、特点、改革趋势，以及观察与思考，为大学英语教学提供新的思路和策略。我们将回顾大学英语教学的发展历程，探讨其发展趋势，进而聚焦于教学模式、教学媒体、教学方法以及教学评价等方面的创新。通过引入慕课、微课、混合学习等新型教学模式，结合现代教学媒体的开发与应用，以及创新教学方法的探索，我们期望能够提升大学英语教学的效果，培养出更多具备国际视野和跨文化交流能力的人才。同时，教学评价的创新也是本研究的重要内容，将从教师评价和学生评价两个维度出发，构建更加科学、合理的评价体系，以推动大学英语教学的全面发展。

目 录

第一章 大学英语教学概述 1
第一节 大学英语教学理论基础 1
第二节 大学英语教学特点 23
第三节 大学英语教学的发展 26

第二章 大学英语教学媒体创新发展 33
第一节 多媒体教学资源的开发运用 33
第二节 多媒体教学课件的设计与制作 40

第三章 大学英语教学模式创新发展 54
第一节 慕课教学模式的设计与应用 54
第二节 微课教学模式的设计与应用 66
第三节 混合学习教学模式的设计与应用 77
第四节 大数据视域下英语课堂教学模式的创新 84

第四章 大学英语教学方法创新发展 92
第一节 大学英语教学中常用的教学方法 92
第二节 产出导向法在大学英语教学中的应用 118
第三节 文化教学法在大学英语教学中的应用 128
第四节 自主学习教学法在英语教学中的应用 145

第五章 大学英语教学评价创新发展 156
第一节 英语教学评价内涵解析 156

第二节　英语教学评价创新的必要性 …………………………… 164

第三节　英语教学教师评价创新 ………………………………… 167

第四节　英语教学学生评价创新 ………………………………… 176

参考文献 ………………………………………………………………… **180**

第一章　大学英语教学概述

英语作为全球通用语言，在全球范围内使用率较高，无论是人际交往还是国际交流，都离不开英语。为适应国际化发展要求，新时代大学生必须具备专业化的英语交际能力，能够流畅地运用英语进行表达。为了提高大学生英语教学质量，我国在各高校都开设了英语专业课程，并作为必修课，旨在培养当代大学生英语交际能力。

在新时代发展的背景下，国与国之间的跨国文化交流越来越频繁，因此，社会市场对专业人才的要求越来越高，大学生所掌握的基本的英语交流能力已经无法完全满足社会市场对人才的需求。因此，高校教师在英语专业课程教学中，除了日常训练大学生基本的英语交流能力，还应该重视跨文化的交流。然而，如何在高校英语教育中更好地进行英语教学，以培养符合社会需求的高素质实用型人才，是当前我国高校亟须解决的问题。

第一节　大学英语教学理论基础

大学英语教学是以科学为基础的教育，它有着自身的特点和规律。然而，由于研究者思维方式的差异，导致他们在这一领域的研究中关注的焦点有所不同，所产生的理论对于英语的教育效果也各有不同。本节将从哲学基础、语言学基础和心理学基础三个方面对当前的英语教学理论进行概述，从而对英语教育的实际应用提供一定的理论指导。

一、英语教学的哲学基础

英语教学作为一门独立的学科，其哲学原理是一项重要的研究课题。哲学是人类对于自然、社会和人文的一种极高程度的概括与总结，它反映了人与客观现实之间的相互联系以及一般的思维认识发展规律。自然科学研究自然界客观事物的发展规律，社会科学研究社会发展的规律，而人文研究则以人为中心，关注人与现实的社会、文化生活以及思想及其发展规律。

英语教学作为社会科学的一部分，不仅关注语言学习的认知过程，还关注语言学习的社会过程。语言是社会交往的工具，英语教学应当注重培养学生的语言实际运用能力，以及跨文化交流的能力。同时，英语教育还需要关注学生的个体差异和学习需求，根据学生的特点进行个性化教学，提高英语教学的针对性和有效性。

在英语教学中，哲学原理提供了对语言学习的基本理论指导，包括语言学习的本质、过程和规律等。同时，哲学原理还为英语教学提供了把握世界和改造世界的根本方法，帮助人们更好地认识和把握客观事物发展的规律，从而更好地进行英语教学的实践和创新。

（一）以人为本

任何一门学科的教学都应遵循"以人为本"的理念，这与"以人的发展为中心"的理念高度一致。在英语教学中，这一理念更是基本的指导原则，它要求我们要充分体现"以人为本"，将人的发展作为核心。

马克思关于人的本质、人与社会的关系、人的主观意识、思维与外部世界、社会思想化的关系以及人的生命活力与语言之间的关系等方面的深刻阐述，为英语教学提供了重要的理论基础。这些理论揭示了英语教学与人的发展的紧密联系，强调英语教学应当关注人的主观能动性、思维能力和外部世界的联系，帮助人们更好地认识和把握语言学习的规律，从而更好地促进人的发展。

1.英语教学要体现人的本质特征

人的本质在物质世界中首先表现为现实的人，这种现实的人不仅体现在个体作为自然人的存在，同时也与社会有着密切的联系。人不仅是独立的个体，也是社会的一部分，是"社会人"。人的本质可以通过与他人的社会关系和交际关系来展现，这些关系构成了一个复杂的社会网络。人们在与他人交往的过程中，通过语言这一媒介来表达情感、交流思想，记录下人类创造的精神文明和物质文明的精华。人们在这一过程中逐渐超越了自然人的状态，转变成了一个具有社会属性的"社会人"。而语言正是人们进行信息交换与交流的最普遍也是最高效的媒介。马克思对费尔巴哈的人学思想进行了深刻的批评，他提出："人的本质并不是单个人所固有的抽象物，在其现实性上，它是一切社会关系的总和。"人的本质并非个人与生俱来的抽象概念，而是在具体的物质世界情境、社会关系及其互动中体现出来的。人在物质自然界中产生，又存在于物质自然界中，而且人也只有在物质世界和现实社会中，特别是在人与人使用语言作为交际工具交流和沟通信息的过程中，尤其是在人与人以语言为交际手段进行通信和传递信息的进程中，才能得到生长与发展，从而主动地对世界进行创造性改造，提升自我，推动社会发展。因此，英语教学的建设、发展和实施应当面向全体学生，关注每一个学生的发展，培养他们具备促进社会发展的终身学习能力。同时，要以人的本质特征为根本的价值观取向，注重学生的全面发展，提高他们的语言能力、思维能力、文化素养和跨文化交流能力等多方面的素质。

2.人的发展与社会发展紧密相连

教学的本质是促进学生的全面发展，包括德、智、体、美、劳等方面。同时，每个人的个性也应该得到最大限度的发展。人和社会是相互依赖、相互促进的。一方面，人的发展受到客观世界和社会发展的制约；另一方面，人的全面发展也是为了更好地了解世界和社会及其发展规律，并按照自身的发展规律进行创造性性改造，推动社会物质文明和精神文明的可持续发展。

英语教学应以全面发展学生的全面素养为目标，实现个性的自主、自觉、自由发展。构建具有中国特色的外语教学体制，既是为了满足大学生自身发展的需求，也是为了适应整个社会的物质文明与精神文明建设的必然要求。

英语教学应紧密联系时代的发展，根据人类和生存环境的变化，不断进行发展、创新和完善。只有这样，才能有效地进行英语教学，培养出符合社会需求的高素质人才。

3.意识和思维的客观本真

人类的意识和思维运动同时存在客观与主观两个方面。客观方面是指人的思维和意识由社会情境和现实世界构成，独立于人的思想自觉之外，不受人的思想和意识支配，是客观的、独立的、不受人的思维和意识影响的。而主观方面则是指人的意识和思维都是人的主观心理活动，离不开人的主观意识与思想行为。

人的意识和思维都是以物质的世界为基础的，它们都是客观实在的。然而，这些思维和意识都是人对物质世界和现实社会生活的反应，而不是一种被动地、消极地回应。人类通过劳动和日常生活实践，将意识和思维与物质世界和现实社会生活相结合，主动地、有创意地对现实社会生活作出响应。

每个人的劳动实践和日常生活的目的、内容、过程、方法、时空等都存在差异，因此，在面对相同的物质现象和真实的社会问题时，人类会在思想意识、价值理念和思维模式上产生不同的反应。这意味着，"意识、观念、经验和知识是人的心理表征，是人们自我认识和构建，并存在于人的内在心灵之中"。

意识观念的本质就是人对外部世界和社会现实的能动、创新能力的体现。这一深奥而富有思辨性的理论问题，往往可以通过最简单的实例、周围的事例来表现和证明。例如，英语单词"book"，或词组"an English book"，或句子"The English book is on the desk."等都是那些使用英语的人们对于作为意识、观念和思维的物质外壳所形成的一种习惯的象征。如果外部世界中没有"书""一本英语书""英语书在桌子上"等概念和物品，那么上述英语词汇、短语、句子乃至篇章都很难产生、存在、发展和创新。

那么，英语教学应该如何让学生了解和使用英语的词汇、短语、句子、篇章呢？答案是让学生在人与外部的联系以及具体的现实社会生活环境中，通过对英语的了解和使用的实践来获得和练习他们的语言知识及交际应用的能力。而将人与客观世界的社会生活的关系与具体的现实社会生活情景相分离，仅仅依靠个体的主观意识、观念、思维的自我认知和自我建构，是无法实现自我建构和创新，也无法理解并使用自己的语言知识的。这一点也是大多数建构论者（除了社会建构论者）所认同的。

4.人的生命活动与语言息息相关

人类的生活与语言紧密相连。作为"社会人"，我们无法脱离语言这个交往载体和交流手段。无论是人与人之间的交往、人与社会的关系，还是日常生活，都离不开语言。

语言作为我们主观意识、观念和思维的物质外壳，是这些内容的物质媒介。在语言中，我们不仅看到了物质世界的体现，同时也看到了意识、观念和思维在物质世界中的反映。语言在我们的意识、观念和思维中扮演着重要的角色，它是连接这些内容与物质世界的桥梁。

事实上，人类的意识、观念和思维最初也是与人的物质活动、物质交往、现实生活和社会生活中的语言交往相结合的。同时，语言自身也是人类意识、观念、思维和物质活动交互的产物。因此，英语教学的建设、发展、改革和实施都应强调语言与学生实际社会生活的联系。为了使英语更贴近学生的实际生活，甚至回到他们的实际社会生活中，我们可以更好地讲解、操练和运用英语进行交际，从而取得更好的教学效果。

（二）全面和谐发展

教育是人的教育，其核心在于对人的关注。在教育领域中，学生和教师都是关键因素。因此，在教学过程中，我们必须重视学生的主体地位和教师的引导作用，从而充分发挥师生双方主体的互动和生成能力。在英语的教学活动中，我们需要将教师和学生的积极性和创造力结合起来，这就是以学定教、以教促学、多学精教、不教自学的原则。

这种英语教学原则将学生置于首位，同时也重视教师的地位，旨在让师生双方主体的互动和生成作用得到充分展现。这种原则重新评价了"以学生为核心"或"以教师为核心"的思想，强调了学生和教师在教学过程中的平等地位和相互作用。

通过实施这种英语教学原则，我们可以促进师生之间的互动和交流，鼓励学生主动参与学习过程，发挥他们的创造力和潜能。同时，教师也可以更好地发挥引导作用，帮助学生掌握语言技能和知识，并在教学过程中不断反思和改进教学方法，以适应学生的需求和时代的发展。

在这种教学原则下，学生可以更加自主地探索和学习英语，提高他们的语言运用能力和交际能力，而教师也可以更好地发挥自己的专业素养和教学能力，不断更新教育观念和方法，以适应不断变化的教育环境和需求。这样的英语教学原则有助于实现教育公平和个性化教育，培养具有全球视野和跨文化交际能力的人才。

1. 以学定教

在过去很长的一段时间里，我们的英语教学观念是以教定学，将学生视为被教导的客体，是接受知识的载体。而学校则被视为制造产品的工厂，只关注学生的学业成就，而忽视学生的个性发展和全面发展。然而，正确的学习理论和观念提倡"以学定教、以教促学"，将学生视为学习的主人。在教师的引导下，学生能够自主地进行知识、技能和能力的培养，并使自己的人性得到最大限度的发展。

为了实现"以学定教、以教促学、以学评教、以学改教"的目标，我们需要采取一系列的措施。首先，要了解学生的现有知识、经验和需求，在此基础上制定教学目标、内容、策略方法和评估方法。其次，要鼓励学生主动学习和思考，既要关注学生团体，也要关注每个学生个体。每个学生的潜能和创造性都是不同的，因此要把学思相结合作为重点。同时，提倡启发式、探究式、讨论式、参与式教学，强调知行合一，因材施教，让每个学生都得到充分发展。

此外，为了更好地实现"以学定教、以教为导"的目标，教师需要转变角色观念。教师不再是单纯的知识传授者，而是成为学生学习的引导者和促进者。教师需要关注每个学生的学习情况和发展需求，提供个性化的指导和支持。同时，教师也需要不断地更新教育观念和方法，提高自己的专业素养和教学能力，更好地适应不断变化的教育环境和需求。

2.以教促学

英语教学应该既"以学定教"，又树立"以教为本"的观念。虽然"以学为本"和"以教为本"看似是一对矛盾的观念，但实际上它们是相辅相成的。"以教为本"的教学思想主张，在教学过程中，学生不仅是知识的被动接受者，而且是在教师的引导下主动学习的人。在英语教学中，学生更是在教师的引导下，通过对所学英语内容的持续吸收与理解，从而达到对新的英语知识的吸收与理解。学生在教师的引导下，根据自己的兴趣和能力进行自主学习。通过教师和学生之间的交流，学生对所学内容有更深刻的了解和把握。

3.多学精教

大学英语教学应该兼顾"以学定教"和"以教促学"为主的原则，同时注重多学和精学的双重重要性。英语教学不仅是一种教师与学生、教师与外部环境相互作用的过程，更是一种多维交互、情景融合的过程。"多学精教"的思想强调在教师、学生、情境、英语、情感互动的教学活动中，学生要积极投入，多学多用。同时，教师需要充分运用具体的客观情境，在学生已有知识和经验的基础上，对知识的重点和难点进行精细化教学，为学生留出更多的时间，让他们能够多学、多用。英语教学必须立足于特定的情境，基于学生原有的知识与经验，这样才能实现对知识的精教，使其更容易被学生理解和掌握。情境是现实世界的体现，离开了客观语言环境，语言就会失去其存在的基础，无法被准确地把握。根据学生现有的认知和经验对新知识进行精细化教学，不仅可以节省教学时间，还能帮助他们更好地理解旧知识、接受新知识，并将二者结合起来，构建出一个新的知识结构网络，有助于学生记忆的快速提取利用。

在特定情境下，以已学的知识为基础，进行精教，可以为学生留出更多的学习时间，让他们能够自主探索和学习。这样的教学方式有助于培养学生的自主学习能力和创新思维能力，让他们在未来的学习和工作中能够更好地应对各种挑战。

4.不教自学

英语教育与教师的"以学定教、以教促学、多学精教"相结合的终极目的，正是为了达到"教无教"的境界。这里的"教无教"意味着教育不是为了简单地传授知识，而是为了激发学生的自主学习能力，使他们能够在没有教师的指导下自我学习、自我成长。

语言沟通的基本特点是在双方或多方之间进行的交际行为，这些个体都是独立于他人之外的独立个体。这是言语交际的天然状态，也是没有教导的自我学习状态。因此，英语教育应该注重培养学生的交际能力，使他们能够在真实的语境中运用英语进行有效的沟通。在英语教育中，"以学定教"和"多学精教"相结合的方法是为了更好地实现"教无教"的目标。通过了解学生的需求和特点，教师可以制定更加符合学生实际的教学策略，帮助学生掌握英语知识和技能。同时，教师也应该充分运用具体、客观的情境，根据学生原有的知识和经验，对知识的重点和难点进行精细化教学，为学生留出更多的时间，让他们能够多学多用。

5.和谐地互动发展

以学生的发展为重点，构建具有中国特色的外语教育体系。在这个过程中，学生和教师都是关键因素。课堂教学的变革重点在于教师，因为如果没有优秀的教师，就难以实现优质的教学。因此，以学定教与以教促学之间存在一种必然的逻辑关系。教师不仅是知识的传授者，而且承担着"传道解惑"的重任。

这意味着，教师在教学过程中不仅要决定"学"的内容和方式，还要以自身的"教"来引导学生，使他们在学习过程中发挥主体作用。尤其要强调的是，英语教学不能仅停留在"以学定教"和"以教促学"的阶段，而应该通过以学定教、以教促学的方式，逐步向多学精教和最终的不教自学的最高状态发展。因此，"以学定教、以教促学、多学精教"和"不教自学"之间存在内在的逻辑关系。只有这四个方面相互作用、共同生成，才能实现英语教育与教学的理想目标。教师的主要职责就是教育和引导学生。在教学过程中，教师应该全身心地投入，不仅关注每一件细微的事情，还要充分调动学生的思维和情绪，激发他们的求知欲，培养他们的自主学习能力。这一点在不教自学的最高层次上表现得尤为明显。

从辩证的角度看，学生的学习既受到内在因素的影响，也受到外在因素的指导。内在因素是决定性的，但外在因素也能激发和促进内在因素的发展。这为"以学定教"提供了哲学依据；同时，外在因素也具有强烈的反作用力，这为"以教为本"提供了哲学依据。

（三）英语素养与积极的学习态度协调发展

传统的英语教育分离了英语素养与人文精神之间的关系以及英语素养与积极的学习态度之间的联系，导致学业成为学生的沉重负担，进而导致教学费时且效果不佳。为了有效提高英语素养，学生需要采用主动的学习方式，通过多感官、多途径的方式接触英语知识，提高英语技能，并进行交流应用。这种积极的学习心态体现了以人为本的思想，关注学生的个性、自由发展，并激发他们的主观能动性，以在英语教学中获得更好的效果。

通过提高英语素养，学生可以逐渐建立对英语的自信心，培养对语言的浓厚兴趣，这种成功的感觉让他们对学习充满自信和热情。英语成为他们生活中积极而有趣的一部分，提高学习效率，并加速英语素养的发展。即使在学习和运用一门学科时遇到困难和挫折，他们也能够积极面对并克服这些难题。每次通过自己的努力克服障碍后，他们都会获得成功的喜悦和成就感，这进一步增强了学生对学习的热情和自信心。

（四）过程、效率和结果有机地融合

以英语为主体的课程是拓展学生国际文化视野与意识的重要途径。在提高英语素养的同时，也需要注重学生人文精神的提升。因此，英语课堂既要重视提高学生的英语能力，也要重视培养他们的人文精神。英语教育与教学的全过

程应该将人文精神贯穿始终,让学生在英语学习过程中受到人文精神的熏陶。为此,英语教学应注重学习成果的质量,关注英语知识的掌握和英语交际应用的发展,同时也要注重情感的陶冶和世界文化的拓展。英语教学应以学生的学习历程和探究其自身的发展规律为出发点,不能片面地重视学生的成绩,而应该将教学质量作为评价教师教学水平高低的参考标准之一。英语的课堂应该注重学习效果,不要让学生浪费大量的时间和精力在"分数评定"上。学好英语的关键在于提高学习效率,使学生能够以最少的时间和精力获得最佳的成绩。因此,教师应该将教学过程、工作效率和评价成果有机地融合在一起,使学生的个性得到最大限度的发展,同时还要注重培养学生的意志、潜能、创新精神、创新能力和动手能力。

总之,在英语教育与教学过程中,应该坚持以人的发展为中心,将英语素养与人文精神相结合,以学生的学习历程和探究其自身的发展规律为出发点,注重学习成果的质量和效率,同时还要关注学生的整体发展和人格发展。在教学方法上,应该注重学思、知识与实践相结合,英语知识与技能的运用相结合,英语与母语相结合,思维与英语相结合,英语的听、说与学相结合,语言的交际与应用相结合,输入与吸收相结合,输出与量相结合等多种方式的相互关系。

二、英语教学的语言学基础

历史比较语言学是研究语言的演变过程的学科,它对比和分析了各种语言在语音、词汇、语法形态等方面的演变过程,以了解不同语言的共同点和差异。从历史上看,各种语言都有共同的起源,它们可能起源于人类的叫声、模仿自然的声响,或者从人体各个部分的运动开始,或者从物体的图像中提取出来。

1786年,英国学者威廉·琼斯宣读了一篇具有里程碑意义的文章《三周年演说》,文章指出,梵语跟拉丁语和希腊语在词源和句法上有很多相似之处。琼斯的这一发现为翻译研究提供了一种新的研究方法——历史比较语言学。

（一）知识与能力

在当今的英语教学中，探讨"知识"与"力量"已经成为一个热门话题。为了明确这两个概念，我们需要加强对哲学、语言学（当然也包括心理学、教育学等）中关于语言知识和语言使用能力概念的理论重视。为了深入理解知识观念和能力观念的历史演变特点，吸收新的知识观念和能力观念，实现传统与现代、历史与现实、理论与实践的互补与交融，我们需要思考当前我国外语教学中存在的问题和其今后的发展走向。

关于语言的性质，两种理论之间关系密切，相互补充。例如，瑞士著名语言学家弗迪南·德·索绪尔对语言自身的研究很多，对社交语言的运用却很少；美国语言学家莱昂纳德·布龙菲尔德从描述语言学的角度出发，对语言的构成进行了探讨，但却忽略了现实中的话语；美国哲学家艾弗拉姆·诺姆·乔姆斯基对个体的学习机理及一般语法的研究较少，对其在社交活动中所使用的语言并没有给予足够的关注。

在英语教学中，使用英语进行交流是一个非常重要的问题。在哲学和语言学的指导下，了解语言知识和交流使用的概念，还有它们的本质、内涵和隐藏的要素以及它们之间的联系，对外语教学的方向、性质、价值观、教育目的、教学内容、教学过程、教学策略方法、教学评估等方面都有重要的影响。

从哲学和语言学的角度出发，对"何为语言知识"和"语言能力"的概念、本质特征、隐性要素以及它们之间的内在联系进行反思、辨别和论证，就显得尤为重要。这可以帮助我们更好地理解语言的本质和特点，提高英语教学的科学水平和教学效果。

（二）语言与言语

德国语言学家威廉·冯·洪堡认为，语言是人类的内在构造，是说话者的智能部分，是一种创造性的思维方式。人类可以利用有限的言语手段创造出无限的言语行为。他把"言语"这一概念看作一种外在的行为。

索绪尔重视语言的功能和在日常生活中的作用，以及语言的用法等方面的研究。他的《普通语言学教程》是语言学史上的哥白尼式变革，他在书中将语言和言语两个基本概念区别开来，语言学界对此给予了高度评价。只有正确认识这两个既相互区别但又相互关联的概念，才能更好地反映语言的性质。

语言是一种语言体系，它包含语音、词汇、语法结构规则，是一种存在于一群人的脑海（或语言协会）中的共同抽象而又稳定的系统，也可以说它是一种存在于人脑中的语法或通用规则。因此，语言是一种社会化的特性，规定人们的听力、口语、阅读和写作的特定方式。

言语则是语言的运用，是人们所说和所听到的，即被书写和理解的内容。话语是人在说话时内心符合与心理、生理机制共同作用的外在表现。因此，语言是对句子的产生、表达和使用，而言语则是对语言的使用或运用，表达的是特定的东西。语言符号体现了说话者的人格特征，往往与特定的情境、情感密切相关。因此，它经常随着时间和地点的不同而不断发生变化。与语言相比，言语具有个人性、具体性和变化性等特征。

总之，语言和言语是不同的，但又是相互关联的。语言是由语音、词汇、语法等组成的语言体系，而言语则是指语言所表现出来的内容，即所听所说的言语，是通过语言来传达意思的过程。这就是语言和言语的不同之处，但是它们又是密切相关的。话语就是说话者所说的话语及其内涵，而语言则是由言语总结而成的一种有组织的语言。

（三）语言结构与实际话语

美国描写语言学与结构主义语言学的领军人物首推弗朗兹·博厄斯及其弟子爱德华·萨丕尔，他们对上百种美洲原住民语言进行了详尽的分析，为描写语言学与结构主义语言学奠定了基石。布龙菲尔德的著作《语言论》出版，正式宣告了结构主义语言学的兴起，并在20世纪30~50年代成为主导学派。布龙菲尔德完全支持索绪尔的"语言与言语"二元划分，据此进一步细分为语言结构和实际话语两大要素。

语言结构是全体社群成员共同的规则体系，涵盖语音、语法及词汇等严密组织。它构成了稳固的声韵、词汇及句法规则框架，体现了语言社群所有可能表达的集合。

而实际话语，或称言语行为，展现的是语言系统中非固定、多变的一面，随时间、地点及具体情境各异，体现动态多样性。布龙菲尔德所界定的稳定、规范及习惯化语言结构与实际话语的差异，恰好与索绪尔提出的"语言"与"言语"概念相符，强调了普遍规则与个体表达的对立统一。

（四）语言和言语行为

语言哲学家约翰·朗肖·奥斯汀将说出的语句划分为三种不同的话语形式。第一，言说行为是由言语组合而成的语音或表示某种意思的复合体来实现的。第二，用言语行动的行为是指在一定语境和条件下，怀着特殊意图通过说话来实现自己的行动，例如威胁、祈祷、承诺等。第三，以言为动是通过话语来实现某一事情以达到某一结果的行为。哲学家约翰·塞尔在这个基础上增加了主张行动，他认为说话涉及主张和话语之外的力量。说话行为、用言语行动的行为、命题行为和言语行为这四种行为形式是同时发生的。塞尔根据"用言语行动"的四要件或四项准则进一步划分了这四种行为，这四项准则包括：陈述的意图、诚意的状态、前提和命题的条件。

因此，当说出语句时，四种行为，即说出语句行为、用语言做事行为、命题行为和用语言取效行为，是同时实现的。

塞尔根据用语言做事行为的四条标准，进一步对用语言做事行为进行了分类。这四条包括：

基本条件：指说出语句的意向或目的。这个条件关注的是说话人在说出一个语句时的意图或目的，即他们想要通过这个语句表达什么意义或达到什么目的。

真诚条件：指呈现出的心态。这个条件关注的是说话人在说出语句时的心态或情感状态。它要求说话人必须真诚地表达他们的观点或情感，而不是假装或隐藏他们的真实意图。

先决条件：指合适的方向，即语句与世界的关系。这个条件关注的是说话人在说出语句时是否考虑到了语句与现实世界的联系。它要求说话人必须理解他们所使用的语言的含义和语法规则，并确保他们的语句是符合这些规则的。

命题条件：指命题。这个条件关注的是说话人在说出语句时所表达的命题的真实性。它要求说话人必须确保他们所表达的命题是真实的或有根据的，而不是虚假的或无根据的。

塞尔依据四大准则，将语言行为划分为五个子类别：

1.陈述行为（Descriptive Acts）：涉及描绘现实状况或事件的言语表达，如陈述（assert）、说明（state）、肯定（affirm）、否定（deny）、报告（report）及结论（conclude）。

This vehicle originates from China. （Assertion）

2.指令行为（Directive Acts）：旨在促使听者采取行动的话语，包括建议（suggest）、命令（order）、请求（request）、指令（command）、要求（demand）及询问（ask）等。

Might you shut the window? （Suggestion）

3.承诺行为（Commitment Acts）：表明说话者愿意承担特定行为的言语，如承诺（promise）、发誓（swear）、威胁（threaten）、保证（guarantee）、提议（offer）及誓言（pledge）。

I pledge to take you to the cinema tomorrow. （Promise）

4.情感表达行为（Emotive Expressions）：用于传达说话者对某事的情感或态度，包括感谢（thank）、道歉（apologize）、祝贺（congratulate）、抱怨（complain）、欢迎（welcome）及惋惜（deplore）。

Gratitude for your assistance. （Thanks）

5.宣告行为（Declarative Acts）：通过言语直接改变某种状态或情况，涵盖命名（name）、定义（define）、宣布（declare）、辞职（resign）、提名（nominate）等形式。

I now declare you husband and wife. （Declaration）

奥斯汀和塞尔所倡导的言语行为理论已被广泛整合到语言教学实践及课程设计中，成为理解语言功能性的一个核心维度。类似的，索绪尔、奥斯汀和塞尔在语言与言语的区分上持有共同见解，均视言语为语言的实际运用过程，涵盖听、说、读和写等交流行为。而言语行为则被视为在此基础上，利用语言作为达成特定目的或行动的高级层面。他们对于语言的本质认识大体一致，认同其作为交流媒介的角色，这些共识与细微差异具体体现如表1-1所示：

表1-1 索绪尔、奥斯汀和塞尔的语言观对比表

索绪尔	奥斯汀、塞尔
语言是社会产品	语言是社会现象，是文化的载体
语言规则系统存在于个人的大脑中	言语行为要遵循社会使用规则
语言是社团心智的产物	语意源于心智的意向
交际要符合语言规则系统和社会使用规则	用语言做事行为受意向和社会使用规则制约

（五）语言行为潜能和实际语言行为

捷克语言学大师威廉·马泰休斯、英国社会人类学巨擘勃洛尼斯拉夫·马林诺夫斯基，以及英国语言学者弗斯及其弟子韩礼德，共同构成了英国社会语言学派，也被誉为功能主义学派。他们共同坚持语言作为一种社会现象的立场，是人类日常生活不可或缺的组成部分，在社会互动中扮演着至关重要的角色，超越了仅对语言形式的传统探究框架。

韩礼德在言语行为理论的基础上进一步深化了语言功能的探讨，创立了"语言功能理论"。他着重指出，语言学研究的核心应聚焦于言语行为，即通过语言的每一次使用来探究其所有功能，这样，语言的意义维度便成为研究的重心。言语行为意味着通过语言实现某种行为，而语言功能则是指语言的有意义运用，两者都强调了语言作为行为工具的本质。

语言功能实质上体现在言语行为中。韩礼德归纳了儿童在掌握母语初期展

现的七大语言运用（linguistic performances）维度：

1.工具性功能：运用语言来达成具体需求或请求物品。

2.调控功能：通过语言指导或影响他人的行为。

3.互动功能：借助语言进行社交交往。

4.表达功能：用于传递个人情感和态度。

5.探索功能：运用语言进行学习与认知发现。

6.想象功能：创造虚构情境。

7.信息功能：交换事实或思想的传达。

韩礼德采纳了"语言行为潜力"与"实际语言行为"这对概念，旨在更为精确地阐述语言与言语的内在联系。他旨在通过这组新概念，提供一个相较于索绪尔的"语言与言语"以及乔姆斯基的"语言能力与语言运用"更为细腻的理解框架。尽管这三位学者在认定言语为个体实际表达这一基点上意见趋同，韩礼德在语言本质的见解上独树一帜。

韩礼德突破性地提出，语言不单纯是一种认知工具或知识累积，而是一种行动的媒介，一种实践的方式。他视语言为个体基于语言环境和文化背景所能做出的选择空间，聚焦于言语行为的实际效能，即语言使用者能借助语言实现的行为范围。简而言之，韩礼德强调语言是行动的潜力，是交流互动中可资利用的实际资源库。

（六）语言与沟通能力的关联

英国社会语言学家戴尔·海姆斯在分析言语行为理论与功能语言学的框架，并与乔姆斯基的"语言能力"概念进行对比后，首次界定了"交际能力"（communicative competence）。海姆斯强调，具备交际能力的个体不仅要掌握语言知识，还需具备有效运用语言进行交流的实践技能。

海姆斯作为英国社会语言学领域的代表人物，他在言语行为理论与功能主义语言学的基础上，进一步阐述了语言的功能观，即语言作为一种实现沟通交流的行为工具的实践意义。他认为，语言是为了交际而存在的，而交际能力则是使用语言进行成功交际的关键。

交际能力是指一个人在特定的社会文化背景下,能够使用语言进行得体地、有效地交际的能力。这种能力包括语言知识和语言使用两个方面。语言知识是指掌握语言的词汇、语法、语音等基本知识,而语言使用则是指运用语言知识进行实际交际的能力,包括语言表达的得体性和适宜性。

海姆斯的观点着重于,真正具备交际能力的个体必须兼备语言知识与语言应用技巧。这意味着,仅熟悉语法规则不够,还必须能熟练地将这些规则应用于实际情况中,以确保交流的恰当与有效。交际能力的四大核心维度可概述为:

1.语法适宜性:能够识别并构造符合语言规范的句子结构。

2.语境适应力:擅长根据不同的交流情境,选择合适的话语方式,确保交流得体。

3.实际语言运用能力:在真实的交流场景下,能精准且恰当地运用语言,达到有效沟通的目的。

4.认知交流限制:深刻理解语言在实际互动中的常规用法及局限性,从而更加灵活而恰当地使用语言。

海姆斯认为,交际能力是指语言使用者在特定的社会文化背景下,能够进行得体、有效的语言运用的能力。他提出交际能力的四个特征,即可接受性、可行性、适合性和可操作。然而,由于缺乏一个具体地、客观地衡量交际能力的标准,这四个特征并未被广泛认可,也未得到社会语言学家和功能语言理论支持者的普遍认同。

(七)知与行

美国总统布什于1991年签署的《美国2000年:教育战略》,强调了语言教育的重要性,并提出"要求学生完成知道(know)什么和能做(do)什么事的任务"。随后,美国政府于2002年通过了《不让一个孩子掉队法》,于1996年颁布了国家级课程标准《迎接21世纪外语学习标准》,并于1999年进行了修订。这些政策和标准的制定,都明确地反映了美国对于语言教育的重视程度。

威德森认为，学习一门外语需要两个层面：认识与行动。这种观点实际上强调了知与行的结合。知是反映知道语言知识，包括语音、词汇、语法等方面的知识。行则是用言语去做事情，即说话、使用语言的能力和说话的行为等。

在美国的英语教学中，对"知"与"行"的区别恰好符合我国优秀传统文化的精髓——知行合一。知行合一的哲学、文化和教育理念强调了知识与实践的相互依存关系，即知识指导实践，实践反过来验证和丰富知识。

三、英语教学的心理学基础

（一）主要的心理学理论

1.官能心理学

官能心理学源自古希腊人的灵魂官能学说，以及勒内·笛卡儿的心灵实体论哲学观点。这种心理学观点对欧洲拉丁语的教学、课程设置和教学实践产生了深远影响。自19世纪以来，在官能心理学的指导下，西方学校教学一直以拉丁语、希腊文和阿拉伯语作为培养大脑的优选科目。

克里斯提安·沃尔夫创立了官能心理学，他坚信人类的头脑可以划分为几种可以独立培养的功能。他认为，拉丁语这种复杂的古代语言，其语法对于培养学生的记忆力和逻辑思维具有显著益处。通过解析和实际操练语法规则，可以有效地提升学生的智力。他从功能心理学的角度出发，提出了一种以功能心理学为指导的语言教学模式。

2.联想主义心理学

英国的约翰·洛克首次在心理学界提出了"联想"的概念。他认为，人们的认知和知识是通过概念之间的联系和联想形成的。在此基础上，爱德华·李·桑代克通过"饿猫迷笼实验"对小猫在迷障中的行为进行研究，提出了动物的学习也是通过强化刺激和回应之间的联系来实现的。他总结出了预备律、练习律和效果律等学习规律。

在语言学习中，联想理论也具有重要的作用。英国语言学家亨利·斯威特认为，言语交际中的所有活动都是建立联系的活动。英国应用语言学家哈罗德·E.帕尔默则将语言学习看作一种习惯的养成和自动的行为。这些观点都强调了语言使用中的联系和自动化。

心理学家伊万·彼得罗维奇·巴甫洛夫在狗身上进行的条件效应实验表明，条件反应是一种短暂的神经连接，能对生物的生存和发展产生适应性。这种连接如果得到进一步强化，就会形成动态定型，成为一种自动化的习惯。后期，巴甫洛夫提出了两种信号体系理论，其中一种是把特定的东西当作有条件的刺激，另一种是用语言作为条件的刺激。两种信号体系理论指出，词汇的次级信息和特定的物质的初级信息系统同样可以诱发动物的条件反射。

3.行为主义心理学

行为主义心理学在 20 世纪前半期在全球范围内占据了主导地位，其核心理念由心理学家约翰·华生提出，他主张以行为而非意识作为心理学的研究对象，并认为人类的认知活动，包括情感的反应，都是由"刺激—反映联结"所引起的。

随着时间的推移，行为主义心理学在 20 世纪 20 年代得到了进一步的发展，其中最具影响力的包括爱德华·托尔曼、克拉克·赫尔和查尔斯·埃杰顿·奥斯古德的理论。伯尔赫斯·弗雷德里克·斯金纳作为新行为派的主要成员，通过利用小鼠及斯金纳箱进行研究，证实了传统的条件反射行为，并提出了操作条件作用原则，这一原则可以用于理解以操作为基础的学习行为。他将其称为"强化类条件作用"，并将其表述为：刺激（S）—反应（R）—强化（R）。斯金纳认为，无论是语言活动还是非语言活动，它们都通过一系列的 S—R 连接和经验加强而发展起来，形成一种习惯性行为。

听说教学法认为，掌握外语是一个逐步建立习惯模式的过程，这一习惯经由特定的刺激引发反应，并通过重复强化得以加强和稳定。这意味着，在听说教学法中，学生通过反复地练习和强化以形成新的语言习惯，这与行为主义心理学的理论是一致的。

4.认知心理学

美国哲学家乔姆斯基以唯理论为基础，对语言习得的体验提出了强烈的批评。他主张，语言习得并非仅仅是通过刺激和反应的二元过程，认知心理学也反对刺激、反应二元说，认为在刺激和反应之间还存在有机体的思维活动（S—O—R），强调人的心理认识过程。这种理论着重人的心理认知过程，强调了思维、感知、记忆等内部心理活动的重要性。让·皮亚杰将新旧两种知识整合为一个新的 S—（AT）—R 理论，认为个人同化（A）在其内部。这个模型强调了知识的学习和认知发展是动态的、不断变化的过程。杰罗姆·布鲁纳关于掌握知识的结构观与发现方法也强调了认知的重要性。他认为，学习不仅是知识的积累，更重要的是理解知识的结构，并能够运用知识进行发现和创新。美国认知派教育心理学家戴维·保罗·奥苏贝尔提出的"有意义学习"等概念成为认知心理学的基本理论。他认为，学习应该是有意义的，即学习内容应该与学生的已有知识结构和生活经验相关联，从而形成新的认知结构。

这些理论和概念对于语言学科的认知结构形式、交际结构形式以及教育方法系统都有重要的启示意义。它们强调了语言学习不仅是模仿和重复的过程，而且是需要理解、思考和创新的过程。同时，这些理论也为我们提供了理解和指导教育实践的方法，如结构主义教学、发现学习、有意义学习等。

5.人本主义心理学

亚伯拉罕·哈罗德·马斯洛和卡尔·兰塞姆·罗杰斯被视为人本主义心理学的两大创始人，这一理论在 20 世纪 60 年代产生于美国。人本主义心理学受到两种不同的思想倾向的影响：一种是行为主义心理学，另一种是心理分析。这种新的哲学流派被称为"第三思潮"或"第三力量"，与前两种心理主义倾向有所不同。

以西格蒙德·弗洛伊德为代表的心理学派过于重视人们的主观活动，对个体的主观能动性产生了质疑。而马斯洛对人的主体性非常重视，并首次在心理学中引进了"自我实现""人的潜能"等概念。基于人文心理理论的教育目标是"人的全面发展"，期待将人培育成为自由的人，并实现其人生价值。这意味着，人格的其他方面的发展与智商的发展同样重要。

人本主义心理学注重认识和情感的结合，以求达到"自足"。在学校教学中，要求把学生的发展放在第一位，并把重点放在学生的实践上。要避免对学生的身体活动、认知能力和语言活动进行限制，充分发挥学生之间、师生之间的探索和团结协作能力，建立和谐的人际关系，创造一个轻松的心理氛围。这给传统的教学思想带来了很大的冲击。

在20世纪70年代，人本主义心理学的理念对外语教学产生了深远的影响。在此基础上，相继涌现出一批新的语言教学模式，如社团学习模式、静默学习模式、暗示学习模式、全身反应模式、自然学习模式与合作学习模式。这些新的教学模式强调了学生的主体性和自我实现的重要性，同时也注重情感和认知的结合，以及和谐的师生关系和轻松的学习氛围。

（二）心理学的知识观对英语课程与教学的作用

1. 心理学的知识观

在我国教育领域，通常采用一种哲学的认识论来定义知识，认为知识是通过主客体相互作用产生的，是客观事物的特征与联系在人脑中的能动的反映。从其所体现的行为方式上看，知识有时是由主观感受到的，或者说是客观存在的，是一种感性的认识。同时，知识也是对事物性质和相互关系的认知，以感知、现象、概念、规律等思维形态来体现。

在此基础上，我们提出了一种新的概念——"信息加工心理学"。我们认为，知识是个人在与外界互动后所获取的资讯和资讯的结构。个人的知识是储存在个体之内的，而在个人以外以书本或其他介质储存的，就是人类的知识。与传统的以哲学论为视角来研究知识的观念相比，认知心理学和心理语言学更注重对个人获得知识的性质和类型以及获得知识的过程和条件的研究。这种研究既涉及了知识的存储与抽取，也涉及了知识的运用。

现代知识理论根据信息处理的特点，将知识划分为两类：描述性知识与过程性知识。描述性知识又称为陈述性知识，是指能够直接用言语表述的个人认知内容，主要用于解答关于"是什么"和"怎么样"的问题，有助于辨识和区分不同事物。这类知识与日常提及的"知识"概念相符，故也称为狭义知识。

相比之下，过程性知识则是一种隐性知识，没有直接的提取路径，需要通过个体的行动或操作过程间接体现其存在。它相当于一套行动指南，是关于"如何做"的知识，涉及一系列操作步骤和方法。

在我们的教育知识观中，知识被等同于一种陈述性的知识，它以最重要的事实和概念为主，仅包括对知识的存储和抽取，属于记忆性知识。而技能和能力则是独立存在的，它们是获取和应用知识的关键。

2.心理学知识观的影响

英语课程的教学目的是教授学生语言知识和文化意识，这两种知识属于陈述性知识。在英语教学过程中，"过程"和"方法"可以被视为学习的战略和方法。

英语课程的教学目标既要体现学科特色，又要体现新一轮的教学理念。事实上，课程不仅要关注陈述性知识和程序性知识，巩固知识和技巧的双基，还要关注交流应用的语言能力，这种能力也是程序性知识。此外，课程还要关注人的思想、情绪、伦理道德品质、信念，甚至是智力、个性发展、跨文化知识与能力以及自主学习的能力，以体现出一个人的综合发展的价值导向。

英语课程的构建、发展与实施，旨在还原英语自身的多重价值，扩展与加深其育人作用。通过英语教学，可以培养学生的交际能力、思维能力，并形成一种主动而又高效的理性思考与正确的思想理念。这既是英语课程的工具性和人文性的体现，又是对人的综合发展的需要的满足。因此，英语教学不仅是教授语言知识的途径，更是培养学生全面发展的手段。

第二节　大学英语教学特点

一、教学目的的全面综合性

高中英语教学的目标是培养学生的综合语言运用能力，包括语音、语法、词汇以及听、说、读、写等基本内容，这些内容是基本的学习知识点。而在大学英语教学中，学生不仅要继续掌握这些基本语言技能，还要更加注重英语作为交流工具的使用，重点在于听力和口语交际能力的培养。大学英语教学的目的不仅是让学生掌握英语的基本理论知识，还要培养学生在日常生活中运用英语进行交际的实践能力。

二、教学方法的多样性

由于教育目标存在差异，高中英语教学和大学英语教学的方式也存在明显的差异。高中英语教学在高考的压力下，往往以考试为中心，教师在课堂上占据主导地位，主要向学生传授语法知识，采取传统的"填鸭式"或"死记硬背"的教学方法，使学生处于被动的学习状态。然而，大学英语教学注重英语的综合运用，重点是培养学生的英语交流能力。同时，阅读、写作和翻译等技能也是学生需要掌握的。在英语课堂上，教师不仅要教授语言知识和技巧，还要注重引导学生，帮助学生培养良好的交际能力。

三、教学过程的互动性

在中学阶段，教学强调以教师讲授和指导为主。然而，在大学英语教学中，教师更多地扮演引导者的角色，激发学生的英语学习热情，鼓励学生积极参与课堂活动。通过各种形式的课堂活动，教师调动学生主动学习的积极性，并提高他们学习的主观能动性。在大学阶段，语法和词汇已经不再是教学的重点，而是侧重于篇章教学。篇章教学注重对文章的内容、人物性格、事件来龙去脉以及主题进行深入的分析，这种教学方式以培养学生运用语言进行交际为主，注重听说训练，并经常采用情景教学法、功能教学法、交际法和翻译法等多种教学方法。因此，大学英语教学更加注重培养学生的语言运用能力和自主学习能力，从而帮助他们更好地掌握英语并实现自我提升。

四、以让学生讲课的形式，使学生充分融入课堂

教师不再在讲台上单一地进行讲授，而是转变为学生的指导者，这种转变改变了过去以教师为中心的教育方式，突出以学生为中心的教育理念，促进了学生的全面发展。

在每个学期初，教师可以组织学生进行小组活动，根据课本内容的多少来决定每组的人数。例如，《新目标综合教程》有八个模块，教师可以让学生选择一个模块进行学习，将学生分成八组，每组负责一节课的学习。教师提前提醒学生做好准备。每次上课前，每组需要派一名代表到讲台上报告，然后，教师会走到讲台前，对学生的教学内容进行评论或解释。

这种教学方式提高了学生在课堂中的参与度，使学生更加投入到学习中，改变了过去教师单纯讲述的被动局面。在课堂教学中，教师充分发挥了引导作用。这种教育方式将知识、能力、素质、策略、专业有机结合，形成了一种由教师引导学生进行自主实践的教育理念，强化了师生之间和学生之间的互动交流。

五、组织演讲或辩论

组织英语主题演讲或辩论是一种高效的教学方式，可以促进学生的参与和交流。通过分组，学生可以共同准备演讲或辩论的主题，并在课堂上展示他们的成果。这种教学模式不仅为学生自我探索和研究问题提供了机会，还培养了他们的团队协作能力和沟通能力。

六、背单词游戏

为了扩大学生的英语词汇量，提升学生的英语能力，教师可以安排一些学习词汇的小游戏，这些游戏不仅可以帮助学生更好地掌握英语知识，还能激发他们的学习兴趣。例如，在课堂教学中，教师可以讲述中文含义，让学生迅速站起来用英文解释。第一个回答正确的学生将获得 1 分。一个回合结束后，计算累计分数。比赛结束后，根据团体积分进行计算。通过教师的组织，可以在轻松愉悦的氛围中顺利开展课堂教学。这种方法不仅可以有效提升学生的英语能力，还能激发他们学习英语的兴趣。

七、穿插文化背景知识

保持学生对英语学习的长期兴趣是实现有效学习的关键。因此，课堂教学需要采用创造性、多元化的教学活动。然而，当选择这些活动时，不能只追求形式上的新颖，更要考虑其是否能够承担起教育的任务，实现教育的目标。

高校英语教学应该营造一个宽松、愉悦的课堂氛围，最大限度地发挥学生的自主性，促进他们的自主发展。教育工作者应该保持积极的心态，采取有效的方法。穿插文化背景知识可以帮助学生更加明确自己的学习目标，从而更好地实现学习效果。

第三节　大学英语教学的发展

一、大学英语教学的发展趋势

（一）基础阶段逐步减弱

在基础阶段，最明显的变化就是学时缩短，如表 1-2 所示：

表 1-2　基础阶段学时变化

发展阶段	第一阶段： 1985—1988年	第二阶段： 1999—2002年	第三阶段： 2003年至今
规定的学分数	不少于240	不少于280	未做硬性规定

1999 年以后，我国高校开始大规模扩招，学生入学率大大提高。由于入校新生的基数开始增加，在这一时期水平参差不齐的情况显得格外突出，此时，加强基础阶段的英语学习是必然要求。

虽然有反复，但是缩短基础阶段的学时是课程结构发展的必然趋势。2003 年前后至今，全国各地方高校也开始压缩基础阶段的英语学时。如复旦大学实行三个甚至两个学期的大学英语基础学时。学生在进入学校后需要进行分段考试，教师根据学生的分段考试成绩建议他们从哪一个阶段学起，但以学生自己的意愿为准。在学期结束后不自然分段，每学期都可以进行选修。

学时的缩短并非偶然。在一些高等院校中，英语教学所占的比例超出了适应的范围，而且有些内容的必要性及合理性值得商榷。众所周知，在进入大学时，绝大部分大学生已经学习了至少六年（以初中为起点）的英语，一直在打基础。进入大学，还要再花四个学期的时间来打基础，这对于许多学生，尤其对基础较好、水平较高的学生来说是难以忍受的。打好语言基础也应该有个度，如果一直打基础，得不到具体运用的机会，学生的学习积极性就会下降，必然会出现厌学、逃课的情况。

基础学时过长严重阻碍了新制度的实行，在各大学引进教学体制改革后，推进学分制就成了时代的必然。全面推行学分制主要有两个内容：第一是缩减总学分；第二是推行选修制。依据教学大纲要求，学生需要在四个学期内完成基础阶段的学习，约占全部学分的十分之一。要压缩总学分就必须对大学英语教学体制进行相应的修改。选修制的推行使得学生拥有了更多的自主性，改变了以往大学选修课类别单一的局面，使得学生可以集中精力学习自己需要的课程，提高了学习效率，提升了学生的英语使用能力。

基础学时时长的必要性规定，忽视了个体间的差异。为了推行学分制，必须对这种情况进行改革，压缩基础学时时长，有助于给予学生充足的时间进行自主学习。因为基础学时减少，很多专家指出，大学英语基础阶段在未来将渐渐消失，大学英语将从覆盖全专业的学科转变为选修课甚至专业英语。虽然随着课程改革的进行，基础阶段学时的学长正在不断缩短，但是基础阶段仍然是大学英语课程结构的重要组成部分，在未来相当长的一段时间里还将继续存在。

（二）提高阶段的选修课程日益加强

和基础阶段的日渐削弱相比，提高阶段的课程发展显得欣欣向荣。如表1-3 所示：

表1-3　基础阶段和提高阶段的学时和课程类型变化

课程结构 发展阶段	学时		课程类型	
	基础阶段	提高阶段	基础阶段	提高阶段
第一阶段： 1985—1988年	第一至四学期 不少于240	第五至七学期	类型 单一	语言技能和语言知识类课程，如"英语高级阅读""英语听力"等；专业英语类
第二阶段： 1999—2002年	280左右，后逐渐减少	同上	同上	同上，但每一类型的课程种类又有丰富
第三阶段： 2003年至今	逐渐减少至两到三学期	提前至第二或第三学期，一直到第八学期	同上	综合英语类、语言技能类、语言应用类、语言文化类和专业英语类；有的学校开设了多达19门的选修课

提高阶段的发展使得大学英语课程结构富于个性化。目前大学英语课程结构中，有以下几类突出的个性化的课程结构：

1.课程结构中文化课程突出

北京大学的英语课程结构分为两个模块，如表1-4所示：

表1-4　北京大学大学英语课程结构

基础课	选修课（每周2学时，每学期2学分）	
必修课	专题课	通选课
大学英语一级 （每周4学时，每学期2学分） 大学英语二级 （每周2学时，每学期2学分） 大学英语三级 （每周2学时，每学期2学分）	高级英语阅读与写作 应用性与创造性英语写作 高级英语听力技巧 美国英语拼音 实用英语词汇 英汉对译理论与技巧	西方学术精华概述 英语名著与电影 中西方文化比较 英语词汇与英美文化 大众文化简介与批评 高级英语阅读

续表

基础课	选修课（每周2学时，每学期2学分）	
必修课	专题课	通选课
大学英语四级 （每周2学时，每学期2学分）	社科英语文献选读 大学英语口语 英汉对比研究	英译汉 美国研究入门 传记文学：经典人物研究 文化人类学

第一个模块是基础课程模块，第二个模块是选修课程模块。相较于其他高校，北京大学将选修课细化成了专题课和通选课两部分，这两类课的开设有其重要的作用，专题课主要培养学生的语言应用能力；通选课的目的是给予学生一个良好的"情境"，让学生了解英语的语言背景和其内在的文化底蕴，例如，其开设了美国研究入门、文化人类学、西方学术精华概述等在内的十门课程，有利于加深学生对于英语语言的理解，要想了解一门语言首先需要了解它的文化。通过这种方式将语言和文化连接起来，这在以往的大学教育中是不曾出现的。北京大学如此重视文化课程与她悠久的历史文化传统分不开，通过这种方式，北京大学的学生可以更加广泛地涉猎西方文化以及人文思想，进而提高了北京大学学生的整体素质。

2.课程结构中突出专业特点

中国传媒大学的大学英语课程分为"大学英语基础阶段课程"和"英语文化与媒介英语选修课程"。"英语文化与媒介英语选修课程"为选修课，分为"英语文化"和"媒介英语"两大类课程，如表1-5所示：

表 1-5　中国传媒大学英语课程结构

英语文化	英国文学名著赏析、美国文学名著赏析、跨文化交流、英语国家社会与文化、英语演讲与辩论、翻译、英语报刊阅读、旅游英语、商贸英语
媒介英语	新闻传播论著选读、媒介英语阅读、英语新闻采写与编译、英语新闻试听、广告英语、影视艺术论著选读、英语影视节目赏析、信息通信论著选读
学分	每门课均为2学分

中国传媒大学的英语课程结构，充分突出了教学与专业相结合的特点，中国传媒大学的课程种类丰富多样，是大学英语课程改革中相对成功的范例。与之相似的还有中国政法大学，中国政法大学在该校正常的英语课程之外还设立了针对外国法律研究的课程。

二、影响大学英语发展的因素

（一）外部的因素

中国教育系统一直以来受到社会政治、经济、文化、舆论等的影响，作为教育系统的重要组成部分，大学英语课程及其结构同样受到密切的关注。通过对大学英语课程结构发展历程的了解，发现大学英语教学受到社会经济发展的影响最为显著，这是由语言的工具属性决定的。改革开放初期，对外交流初见端倪，国外的知识、技术等大量进入国内，相应地，需要大量拥有英语阅读能力的人才来获取所需要的信息。这一现象反映到教学课程中就是阅读能力的学习优先级要远高于听力、翻译、交际用语等其他课程。

随着经济的发展，对外交往的频繁，仅仅会阅读已经不能满足社会的需求，口语交际能力开始成为重要的需求，这一情况反映在英语教学课程中就是听力、口语课程的课时增加。2001年，中国加入世界贸易组织，对外开放达到了新高度，大量外国企业入驻中国，因而社会需求进一步提高，拥有更加专业的语言技能，同时掌握相关专业知识的人才成为社会的宠儿。同时，不同地区、行业、工种等对于学生外语能力、知识的掌握的要求不尽相同。因此，在大学英语教育中也需要针对这种情况时时进行改变，具体表现为：整体课程结构优化，选修课的种类和数量明显增多，学生的选择余地增加。

但这一外部因素并不能直接影响课程结构的改变，改变是需要在教育体制内部进行的，它的主要作用是调节外部信息，对教育系统施加影响。当教育体制具有较强的统一性、集中性时，社会需求并不能及时反映在课程结构上面，这是由教育体制集中制的滞后性所决定的；同时，在教育体制放权时，社会需求会及时地反映在课程结构上。随着教育系统对各高校的放权，各高校可以从自身的实际情况出发，制定符合自身策略的课程结构，进而满足社会需求。

（二）内部的因素

1.教育体制

我国的教育行政体制基本上属于中央集权制，各高校的大学英语教学必须在教育部的统一指导下进行，最能突出表现这一点的就是教学大纲的颁布。大学英语分为几个阶段、各个阶段开设的课程、各课程的学时等都是由教育部统一安排的。这种统一的大纲在大学英语的最初发展阶段对教学工作尤其是中西部地区的高校教学工作的开展起到了很好的指导作用；但是教学大纲这种强制的统一性在大学英语逐步趋向学生自主学习的时候，所带来的负面作用就会显现出来。

随着大学英语教学体制的改革，大学英语的课程结构也发生了变化。以往的大学英语教学都是由各高校的外语学院或英语系负责，师资紧缺成为一个重要的问题，导致高校英语公共课程只能根据现有的师资力量"因人设课"，无法与社会需求相匹配，更不能重视学生的个人发展。大学英语教学地位提高以后，许多院校开始将英语从以往的依附状态独立出来，成立一个专门的英语系，扩展师资力量，解决了师资力量短缺、公共课程不合理的问题，有利于提高大学英语的教学水平。

2.学科本身的发展和要求

对事物本质的认知也影响事物的发展，1976—1986年间，我国大学英语教学处于初级阶段。这一时期的学科发展是较为滞后的，教学观念落后，教学条件简陋，教师水平不足。教学内容以英语语言能力为主，主要是听力、口语、语法等，大学四年的课程基本都是语言训练。

自20世纪80年代起，随着改革开放的进行，英语课程迎来了一个大发展时期。外国企业大量入驻中国，带来了非常丰富的外国文化，文化的冲击与交流使得社会对于人才提出了更高的要求。这些变化要求各高校必须改变以往的教学内容以适应社会的发展。与此同时，对于英语教学的研究表明，要想掌握一门语言，仅仅学习其基础知识和技能是不够的，语言的文化背景和应用环境是影响学生学习的重要方面。为此，一些有能力的高校进行了教育变革，改变了课程结构，设立了"语言技能+语言文化+专业知识"的"三步走"教学模式。大学英语教学开始注重学生的多元化发展，培养学生的文化底蕴。

在20世纪末，国外的语言研究学者们开始将研究的重点从教学方式转变为受教育者（学生），也就是将语言研究向教育学研究靠拢，把研究的核心问题放在了学生身上，开始将学生作为学习的主体，给予学生更多的关注，研究者们开始认为，学生的主观能动性、积极性等是学习好与坏的决定性因素，这些研究的结果使得传统教育教学观念受到冲击，传统教学模式必然改变。

第二章　大学英语教学媒体创新发展

第一节　多媒体教学资源的开发运用

一、什么是多媒体教学

多媒体教学是指教师在开展教学活动的过程中，根据教学内容和教学对象的特点进行教学设计，在使用传统教学手段的基础上，合理选择和运用现代教学媒体，以多种媒体信息作用于学生的一种教学模式。多媒体教学既是一种教学模式，也是一种教学手段。在开展多媒体教学的过程中，声音、图像、视频、文字等媒体可以相互结合，共同作用，使教学有了多种多样的形式。

总而言之，使用多媒体教学模式可以弥补传统教学模式直观性、整体性欠佳和动态感不足的问题，从而为教师和学生带来传统教学模式无法带来的教学体验和学习体验，取得更好的教学成果。这种教学模式既继承了传统教学模式的优点，又加强了师生之间的沟通与交流，发挥了教师的主导作用和学生的主体作用，是教学理论与教学实践的有机结合，也是因材施教原则的充分体现。

二、什么是多媒体教学资源

多媒体教学资源是现代教学资源的重要组成部分。广义上的多媒体教学资源以计算机技术为主导，包括多种媒体教学方式：一方面，教学主体，即学生，可以借助多媒体和网络教学资源获得学习资源；另一方面，教师也会在教学活动中发挥和融合如幻灯片、电子白板、网络视频等在内的多种媒体的特点和优势，构建一个真正意义上的立体化教学资源体系。

就英语教学活动来说，《义务教育英语课程标准》（2011年版）曾明确指出："合理开发和积极利用课程资源是有效实施英语课程的重要保证。英语课程资源包括英语教材以及有利于发展学生综合语言运用能力的其他教学材料、支持系统和教学环境等，如音像资料、直观教具和实物、多媒体软件、广播影视节目、网络资源、报纸杂志以及图书馆、班级、学校教学设施和教学环境创设等等。"同时强调教师要因地制宜，创造性地利用和开发现实生活中鲜活的英语学习资源，积极利用音像、广播、电视、书报杂志、网络信息为学生拓展学习和运用英语的渠道。可见，《义务教育英语课程标准》不仅强调了教师要充分利用多媒体教学资源辅助教学活动，提高教学质量，还提出了教师要通过这些宝贵的资源渠道发现并拓展学生学习英语的方法和途径。

《义务教育英语课程标准》（2022年版）指出，教师要充分认识到现代信息技术不仅为英语教学提供了多模态的手段、平台和空间，还提供了丰富的资源与跨时空的语言学习和使用机会，对创设良好学习情境、促进教育理念更新和教学方式变革具有重要支撑作用。英语课程资源包括教材及有利于学生学习和教师教学的其他教学材料、支持系统和教学环境，如音像资料、直观教具和实物、多媒体软件、广播影视节目、数字学习资源、报刊，以及图书馆、学校教学设施和教学环境；还包括人的资源，如学生、教师和家长的生活经历、情感体验和知识结构等。

大学英语教学同样注重信息技术和多媒体的应用。《大学英语教学指南》（2020年版）明确指出，各高校应充分利用信息技术，积极创建多元的教学与学习环境。鼓励教师建设和使用微课、慕课，利用网上优质教育资源改造和拓展教学内容，实施基于课堂和在线网上课程的翻转课堂等混合式教学模式，使学生朝着主动学习、自主学习和个性化学习方向发展。通过建立网上交互学习平台，为师生提供涵盖教学设计、课堂互动、教师辅导、学生练习、作业反馈、学习评估等环节的完整教学体系。教学系统应具有人机交互、人人交互功能，体现其易操作性、可移动性和可监控性等特性，允许学生随时随地选择适合自己水平和需求的材料进行学习，能记录和监测学生的学习过程，并及时提供反馈信息。

总体而言，多媒体教学资源就是一个资源库，这个资源库的不同之处在于使用现代教育技术作为一种先进的获取资源的手段。多媒体教学资源集文字、声音、图像、视频等多媒体为一体，体现了多媒体教学直观、形象、多样、新颖、有趣的特点。多媒体教学资源能够为教师开展教学创设声像同步的教学情景、接近真实的教学环境、轻松愉快的教学气氛，使学生能较快地进入学习状态，提高学生学习的积极性和效率，同时有利于开拓学生的大脑思维，提高学生的观察能力、想象能力和创造能力。

三、多媒体教学资源开发运用的挑战

大学英语教学中多媒体教学资源的开发和运用已经取得了一些成就，但也存在一些需要继续加强或改进的地方。例如，英语教师开发和运用多媒体教学资源的意识需要培养、高校对英语多媒体教学资源的支持和管理力度需要加强、高校英语教师运用多媒体教学资源的能力需要提高。

（一）英语教师开发和运用多媒体教学资源的意识需要培养

从高校英语教师的年龄分布来看，青年教师和中年教师所占的比重相当，老年教师比重较小。其中，青年教师大多数接受过多媒体授课的教育，因而对多媒体比较熟悉，计算机操作能力普遍较高，具有开发和利用多媒体教学资源的能力；中老年教师大部分没有系统地学习过多媒体授课的方式，因而对多媒体的操作不太熟悉，或者使用多媒体资源的水平较低。然而就算是青年教师，他们开发和运用多媒体教学资源的意识也比较淡薄，对多媒体教学资源的概念认知并不深刻。

部分教师没有认识到开发和运用多媒体教学资源的重要性,且狭义地把多媒体教学资源理解为多媒体课件,大大缩小了多媒体教学资源的可利用范围。还有部分教师持等待、观望态度,忽视了自身学习、开发和运用多媒体教学资源的潜力和能力,导致资源的浪费。也有部分教师在开展教学实践的过程中,只是根据教学大纲的要求制作课件,讲解课件,完成教学目标。更多的教师对多媒体教学资源的理解局限于教材、配套光盘和网络上,达不到通过开发课程资源深化教材甚至超越教材的程度。

(二)高校对英语多媒体教学资源的支持和管理力度需要加强

部分高校对本校英语专业的建设和发展不够重视,对非英语专业的学生的英语水平要求更是不高,这与学校领导没有意识到英语学习的重要性而比较关注其他学科专业的发展有关。自然地,这些学校也没有认识到开发英语多媒体教学资源库的重要性。大部分高校建有多媒体教学资源库,但一般情况下,只会把有限的教育资金投入学校热门学科专业的资源库建设,对语文、英语、数学等基础学科资源库的投入较少甚至没有。有些高校设有英语多媒体教学资源库,但资源库的管理、运用和更新情况不尽如人意。例如,多媒体硬件设施存在老化,需要维修、更新等问题,还有些多媒体网络教育资源需要购买等。

(三)高校英语教师运用多媒体教学资源的能力需要提高

由于多媒体教学模式在我国的高校教育中出现的时间不是很长,而大部分英语教师接受的是传统的板书模式教育,尤其上了年纪的英语教师,板书模式和传统语法教学法是他们坚持了10年、20年甚至更久的事情,要想让他们熟练掌握和应用多媒体教学模式是有难度的。青年教师在大学或者研究生期间接受过现代多媒体教育,因此比较易于接受多媒体教学模式,很多计算机应用技术学习起来也比较快,同时,传统教学方法对他们的影响也是很大的。

部分教师在教学中会把大量的词汇、语法知识和练习复制粘贴到多媒体课件上,然后在课堂上依次播放给学生观看。这种做法的缺点是容易使学生分不清学习的重点，还容易造成视觉疲劳，影响学习的状态和效率。这种做法不仅对学生没有好处，而且对教师的工作积极性也有影响。试想教师做多媒体课件花费了很多时间和精力，但最终的教学效果并不好，这肯定会打击教师使用多媒体教学的积极性。除此之外，这也是对多媒体教学资源的一种耗费。学校支持教师使用多媒体教学需要投入大量的资金，而多媒体教学资源的折旧周期短，硬件设施的维修、更新更是价格不菲。

高校英语教师运用多媒体教学资源的能力有限还体现为教师对多媒体硬件设施的熟练操作能力有限，开发、整合和利用多媒体教学资源的能力有限。例如，将相同的教学内容做成多媒体课件，对技术掌握熟练的教师和不熟练的教师所需要花费的时间是不同的，课件的风格、美感、深度自然也是有差异的。

四、多媒体教学资源在大学英语教学中的开发运用

（一）高校要为多媒体教学资源开发提供保障

在高校英语多媒体教学资源开发和运用的过程中，学校一定要提供相应保障。此处的保障包括两个方面的内容：一方面是资金上的支持和保障；另一方面是积极与英语教师进行沟通和交流，听取英语教师的意见和建议。学校要做好财政预算，为多媒体教学资源的开发准备好充足的资金，同时重视英语教师的教学资源需求。

英语教师在英语多媒体教学资源的开发与利用过程中扮演着重要角色，不仅是资源的开发者和利用者，也是资源开发的组织者与评价者。英语教师能够较为方便地了解学生对多媒体教学资源的态度以及使用多媒体教学资源对学生的英语学习产生的影响。如果学校在开发英语多媒体教学资源的过程中不注意听取英语教师的专业意见，就不能及时了解英语教学实践中的困难与问题，这样不仅不利于英语多媒体教学资源的有效开发和利用，还会打击英语教师对开展日常工作的积极性。长此以往，学校可能失去英语教师对多媒体教学

工作的支持。

（二）高校英语教师要加强开发多媒体教学资源的意识

高校英语教师应树立起全面的多媒体教学资源意识。多媒体教学资源是一个全方位、多层次的概念，不仅包括多媒体课件、配套光盘、音频，还包括英文歌曲、英文影视资源、英文新闻杂志、英文综艺节目等教学资源。

加强英语教师开发多媒体教学资源意识的有效途径就是提高他们的计算机操作技术和应用技术。高校英语教师多媒体教学资源开发和利用的意识受他们掌握的信息技术、计算机操作技术、专业技能的影响较大。对此，高校应制订相关培训计划，对高校英语教师开发和运用多媒体教学资源的能力进行统一培训。具体来讲，首先，要对英语教师进行教学媒体数字化处理方面的培训，这是他们需要掌握的最基础的多媒体知识技能。在开展培训的过程中，要考虑不同年龄阶段、不同层次水平教师的差异，最好分批次培训。其次，要对英语教师的媒体素材和课件开发技术以及课件制作软件的使用技术进行培训。一般通过以上两种培训就能有效地提高英语教师检索、编辑、处理、融合各种多媒体教学资源的能力，以及开发和利用课件制作软件的能力，进而加强他们开发和利用多媒体教学资源的意识。

（三）高校英语教师要提高开发多媒体教学资源的水平

英语教师在开发和利用多媒体教学资源的过程中会遇到资料丰富多样、难以割舍的问题，此时英语教师需要做的就是根据教学目标删繁就简，筛选出合适、有教学价值的材料，其他这次用不上而质量较高的材料可以先保存起来，留作备用。英语多媒体教学资源的开发和利用最终是为英语教学工作的开展和提高学生的英语水平服务的。高校英语多媒体教学资源的开发要注意以下四个方面的问题：

1.增强资源开发的针对性

高校英语教师在开发多媒体教学资源的过程中要注意仔细筛选材料，选取合适的材料，增强资源开发的针对性。在确定教学目标和教学方案后，教师就可以收集、整理和选择资料了。教师收集和整理的资料一般分为两类：第一类是常见的，是从外界直接获取的图片、歌曲、视频片段等，这一类资料一般不需要教师进行加工，可以直接使用；第二类是由教师自行设计和开发的资源，如英文动画、视频或情景剧等，这部分资源需要教师根据教学内容设计脚本，组织人员进行拍摄和剪辑。

2.增强资源开发的实用性和趣味性

高校学生的年龄大部分在20周岁左右，对西方文化中的英文歌曲、动画、影视剧等内容还是比较感兴趣的。英语教师要根据高校学生的身心特点、兴趣爱好以及关注点去开发和利用多媒体资源。在这一过程中，英语教师一定要注意资源开发的实用性和趣味性，枯燥的专业知识资源往往不能激发学生学习的主动性，甚至可能引发学生的反感情绪，使学生对英语学习敬而远之。只有增强资源开发的实用性和趣味性，才能调动学生学习英语的积极性和主动性，真正帮助学生通过多媒体资源掌握英语知识和技能。

3.增强资源开发的多样性

在开发多媒体教学资源的过程中，高校英语教师要注意资源呈现形式的多样性，包括文本、动画、视频、音频、文献资料、课件素材等多种形式，以满足教学多样化的需求。学校的英语多媒体教学资源库的开发更需要注意资源开发的多样性。学校在开发多媒体教学资源、建立教学资源库时，可以设计"情境导入""课前预习""语法练习""阅读练习""课后延伸"等模块供教师参考和使用；还可以针对每一课配置相应的"资料包"，其中包括与这节课内容相关的图片、视频、音频、文字、教案设计、教法设计等教学资料。

4.提高资源开发的实效性

多媒体教学资源的开发目的是提高课堂教学的质量，完成既定的教学目标，因此英语教师在完成教案设计、资料整理后，要将教案的内容和整理的资料运用到教学实践活动中。英语教师用设计好的教案进行试教，然后根据实际教学效果调整资源的选择和设计。通过反复的试教与修改，资源库的内容设置会逐渐优化，教学资源开发的实效性会得到提高。与此同时，当学生对某次多媒体授课的效果不满意时，英语教师需要主动与学生沟通，询问学生的意见和建议，根据学生的学习水平以及学习需求，开发切合实际的多媒体教学资源，提高资源开发的实效性。

第二节 多媒体教学课件的设计与制作

一、多媒体教学课件设计的基本步骤

高校英语多媒体教学课件设计的基本步骤包括设计课件结构、收集多媒体素材、多媒体课件整合、课件测试与发布。

（一）设计课件结构

由于大学英语教学课件包含了多媒体的交互使用、集成使用，所以英语教师在制作课件时，应根据教学目标确定课件内容，设计整个课件的结构，也就是说，教学目标是设计课件的根本依据。教学目标不同，教师可选择的教学方法不同，使用的教学手段不同，设计课件时选用的媒体也不同。

教师设计课件时所依据的目标可分为三类，即教学宗旨、培养目标和教学目标。其中，教学宗旨是对教育目标的宽泛定义，通常由专门的教学指导委员会制定，涉及广义上的教学理念、教学哲学、学校的教育任务、学生的学习任务等。培养目标是指从教师视角出发的培养目标，即经过一段时期的教育与培养，学生在某学科上能达到的最终水平。而教学目标是指在课堂教学中教师需要完成的个体教学目标。也就是说，这三个层次的目标分别是培养方案目标、

课程目标和教学目标。当然，某堂课的教学目标要比某一课程阶段的教学目标更加具体，并且教师要详细计划这堂课需要采用的教学手段和教学方法，确定教学内容，预估教学效果。

一般情况下，大学英语教学课件设计可以采用以下四种结构：线性结构、分支结构、网状结构和混合结构。这四种结构无论选用哪种，都要注意设计好课件的"导航"。这有两个层次的含义：首先，教师能根据"导航"非常熟练地使用课件。其次，教师能够按照设计好的课件结构，轻易地找到想要展示的部分。

（二）收集多媒体素材

高校英语多媒体教学课件所采用的多媒体素材通常包括图片、文字、动画、音频、视频等，无论哪种素材，都需要教师精心收集和筛选，并给予一定的设置和安排，只有这样，才能提高教学课件的整体水平。在通常情况下，不同的素材是单独使用的，但有时也会出现两种或两种以上素材结合使用的情况。需要注意的是，在制作课件的过程中，无论使用单一媒体还是组合媒体，都是为了达到最佳的教学效果。教师在选择和设置教学媒体时，应考虑以下几个方面的问题：

1.教学媒体的选择和确定应该具有较高的功能效果，教师要尤其注意多媒体组合应用的价值。教师必须学会判断哪些教学内容需要用多媒体形式来展现、哪些教学内容不需要用多媒体形式就能很好地展现，以保证多媒体教学的高效率和最优化。

2.教师要了解多媒体教学的功能特征，分清不同类型媒体之间的差异。总而言之，教师最终选择的媒体手段应该适合表现相应的教学知识和技能，应有助于英语教学的深化发展。

3.教师应尽量选择高效能、低损耗的媒体模式。教师使用教学媒体的目标应该十分明确，最终的使用结果应该有助于学生的学习。

（三）整合多媒体课件

高校英语教师应根据教学目标的要求，将之前精心收集和筛选出来的多媒体素材按照一定的标准和规律进行整合。整合的过程需要用到一些课件制作工具，常见的有 PowerPoint、Authorware 等。教师对多媒体素材的整合过程就是课件生成的过程，因此教师要注意整合的实用性和艺术性。

多媒体课件不是将原本可以板书的内容通过计算机投影展示出来，更不是对教案的复制粘贴，因此教师在整合多媒体素材的过程中，必须考虑到信息输入的多媒体化和学生的学习习惯、接受能力，从而更好地发挥多媒体课件的作用。除此之外，多媒体课件的整合还需注意以下几个方面的内容：

1.根据教学目标和教学内容，突出教学重点。在多媒体教学课件的整合过程中，突出教学重点是十分有必要的，同时这也不是一件容易的事。例如，教师将每一部分课件都制作得十分精美、仔细，学生找不到学习的重点，也不知道该如何做笔记。

2.根据实际的教学需要，为学生提供适量的多媒体学习资料和网络资源。这样做的目的主要是方便学生课后自学以及自我提升。

3.创设接近真实的对话情境或故事情境，增加师生之间的交流与互动，活跃课堂气氛，调动学生参与课堂活动的积极性，激发学生学习英语的动机。

4.提供教学示范，供学生模仿学习，启发学生开动脑筋进行思考，培养学生的思维能力和综合语言应用能力。

（四）课件测试与发布

教师在制作完成多媒体教学课件后，一定要完整地检查一遍，也就是说，在课件正式发布之前，一定要对课件进行全面的测试。这主要是因为课件中存在大量的多媒体整合素材，尤其视听方面的素材，这些素材很可能出现链接失效或播放失败等问题，因此需要教师对每一个结构分支进行运行测试，以观察和寻找其中存在的问题并及时纠正。一般在办公室或其他场所的计算机上制作的课件在任课教室的计算机上使用之前需要提前拷贝出来，在除本机之外的第二台计算机上做测试，这样可以基本确定课件在教学过程中能否正常运行。

由不同多媒体教学课件制作工具制作出的课件，其存储方式或发布方式是有差别的。课件制作完成后，教师需要将课件以及课件中包含的媒体素材及辅助播放软件打包放在一个文件夹中，并对其中的链接做相应调整，然后将整个文件夹保存到固定存储器中，或上传到网络云盘，或将其发布后刻录成光盘。

二、多媒体教学课件设计的界面配色

对一个多媒体教学课件来说，界面的色彩搭配十分重要。不同的色彩搭配会产生不同的视觉效果，从而给学生带来不同的视觉感受和学习体验。

（一）色彩的对比与调和

要了解课件设计过程中的界面配色，首先要了解有关色彩对比和色彩调和的概念。两种以上的色彩以空间或时间关系进行比较，从而得出其明显的差别与相互关系，称为色彩对比；色彩调和是指通过两种或两种以上色彩的合理搭配产生的和谐统一的效果。在色彩的构成世界中，色彩对比与色彩调和可以说是相互矛盾而又对立统一的关系。因为二者追求的色彩效果和期望产生的作用是不同的。色彩对比强调的是颜色之间的差别，给人以强烈的视觉冲击；而色彩调和是通过寻找色彩之间的相同之处或内在联系来减弱二者之间的差异，使画面给人一种和谐、统一、含蓄的感觉。图2-1为课件设计中常见的色彩对比形式。

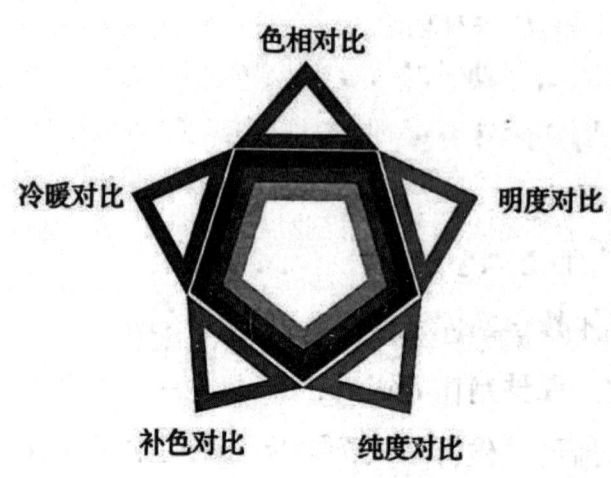

图 2-1 课件设计中常见的色彩对比形式

1.色相对比

色相对比是指以色相差异为主要形式的对比。色相对比在色彩对比中占有重要地位,无论是纯度高的颜色还是纯度低的颜色,都可以进行色相对比。具体来说,色相对比又可分为同类色对比、冷暖色对比、邻近色对比等多种对比形式。

2.明度对比

明度对比是指色彩因为在明度之间的差别形成的对比。明度对比是色彩对比体系的重要组成部分。不同色彩之间的层次、质感和空间关系都要依靠明度对比得以实现。每种颜色都有不同的明度,在多种颜色中,亮黄色明度较高,橙色和绿色属于中等明度,而蓝紫色的明度则偏低。

3.纯度对比

美术学中的色彩三要素包括色相、纯度(饱和度)和明度。其中,纯度对比就是以色彩中的纯度差异为对比关系而呈现出来的色彩效果。纯度对比会将色彩划分为低纯度、中纯度和高纯度三种色调。以低纯度为主的色调会给人一种温馨、典雅、柔和的感觉，如浅米色、深棕色和藏青色；以高纯度为主的色调则营造出一种色感强烈且丰富多彩的氛围，如鲜红色、亮黄色、正蓝色等，这些颜色对比鲜明，使人联想到欢快的节日气氛。

4.补色对比

补色对比是指色相环上间隔180°的颜色搭配而形成的色彩对比，这类对比最饱满、最强烈，它使色彩之间的对比达到最大的鲜明程度，还提高了色彩之间的相互作用，如红色和绿色、黄色和紫色、橙色和蓝色、黄绿色和红紫色。

5.冷暖对比

由于色彩感觉的冷暖差别而形成的色彩对比，称为冷暖对比。冷暖对比形成冷暖色调。一般红色、橙色和黄色属于暖色调，蓝色、绿色、蓝紫色属于冷色调。冷暖即色性，是心理因素对色彩产生的感觉。例如，人们看到暖色调就会联想到阳光、火焰、霞光、橙柚等事物，进而产生温暖、欢快、热烈、开朗、兴奋、华丽的心理反应；看到冷色调就会联想到天空、海洋、冰雪、青山、草原、碧水等景物，进而产生宁静、深远、悲伤、寒冷等心理反应。

（二）配色的基本方法

配色即色彩的搭配，多媒体教学课件的色彩搭配要以大众的审美习惯为标准，同时要兼顾课件的特点。在进行色彩搭配时，教师要遵循三个基本原则：第一，要注意色彩搭配的合理性，选择颜色对比鲜明的色彩一般比较能吸引人的注意力；第二，要注意色彩搭配的独特性，除了常见的搭配，还要有别出心裁的搭配；第三，要注意色彩搭配的艺术性，色彩搭配要适应课件的主题。具体来说，教师在设计课件的过程中可以采用以下三种配色方法：

1.同类色配色法

同类色配色法只选用一个色相，非常容易调和，且同一色相配色是统一性很高的调和配色。同一色相的色彩搭配具有简洁、清爽、和谐的美感，但过于类似可能显得十分单调，因此有必要在明度和亮度上进行调整、变化。

2.邻近色配色法

邻近色是指色相环上相邻的两种颜色。这种配色方法一般是先选用一种颜色作为主色调，然后以其相邻的颜色作为补充、点缀，如以蓝色为主、绿色为辅，或者以黄色为主、橙色为辅。邻近色的搭配也是比较和谐的，一般不会使界面看上去有视觉冲突。

3.对比色配色法

前文介绍过对比色是指处于色相环相对立位置上的两种颜色，由于这种配色法涉及颜色的色相对比十分明显，会给人一种欢快、活泼甚至刺激的效果。相对而言，对比色配色法的操作难度比前两种配色法要大，如果操作不当，容易让人产生烦躁不安、情绪不稳的感觉。对比色配色法比较稳妥的使用方法就是以一种颜色为主色调，另一种颜色为辅色调，主色调占据绝大多数空间，辅色调发挥点缀、丰富整个界面的作用。

以上多媒体课件的配色原则在理论上对英语教学课件的设计具有一定的指导意义，但教师需要特别注意的是，也许根据这些原则和方法设计出来的教学课件在教师的计算机屏幕上可以展现出完美的效果，但是在课堂投影条件下播放的课件又是另外一种效果，如相邻的色调对比度太小，使文本的辨识度降低，很可能导致学生看不清楚。因此，教师在上课之前，最好将课件用投影仪打开测试，如果发现主要文本的色调偏暗或不容易辨认，就要立刻调整或修改，以免影响正常的教学活动。

三、多媒体教学课件制作的原则

在英语多媒体教学课件的制作过程中，需要遵循以下原则，如图 2-2 所示：

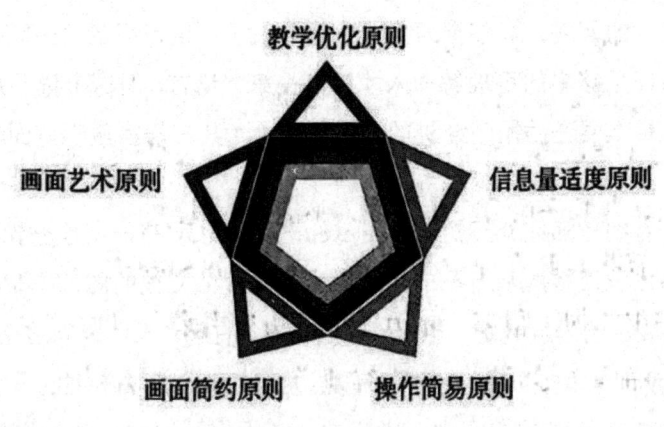

图 2-2　多媒体教学课件制作的原则

（一）教学优化原则

在开展大学英语教学的活动中使用多媒体课件辅助教学的最终目的是改善教学效果，实现教学的最优化。在高校英语课堂教学中，并不是每一堂课都需要使用多媒体教学课件。是否使用多媒体教学课件的决定因素在于其是否能较好地展示教学内容、实现教学目标。因此，英语教师在制作多媒体教学课件之前，必须先确定本节课的教学目标，即本节课要讲授哪方面的语言知识、解决哪些困扰学生的语言问题、培训学生哪方面的交际技巧、引导学生掌握哪方面的文化背景知识等等。然后根据教学目标和教学内容决定是否要制作和使用多媒体教学课件。教师在决定制作教学课件后，要注意选取传统教学法不易展示或不能展示的知识内容作为多媒体课件的素材，充分利用多媒体图文并茂、声色俱佳的优势展示教学内容，优化教学结构，以实现学生对语言知识的理解和掌握，更新学生的语言认知。

（二）信息量适度原则

英语多媒体教学课件的制作需要遵循信息量适度的原则，避免可见的信息量过大或者过小。事实上，英语教师在制作多媒体教学课件的过程中很容易出现信息量过大的问题。虽然斯蒂芬·克拉申关于二语习得的"i+1"理论认为，学习者要保证足够多的可理解输入才能习得第二语言，但这个量不是没有限度的。多媒体教学要遵循循序渐进的教学原则，尤其在语言教学方面，不能操之过急。

例如，有些教师在介绍短语 The eve of All Saints' Day（万圣节之夜）时，在课件中添加了很多展示万圣节的历史由来和习俗文化的图片、歌曲、影视作品等，尽管展示的内容地道、丰富，图片精美、有趣，学生也欣赏得十分投入、学习得十分开心，但这并不是教学的重点内容，学生需要掌握的重点内容可能被淹没在众多新信息的介绍中，学生的注意力也被这些新鲜的文化知识所吸引，从而无法专心学习其他知识技能。实际上，教师只需要在简短的时间内用几张图片介绍一下这个词组的含义即可。但如果这是英美文化课程需要学习的重点内容，那么大量的信息呈现就显得很有必要了。

总而言之，英语教师在制作多媒体英语课件的过程中，要时刻谨记教学目标和教学重点，教学媒体和教学课件都是服务教学的方式和手段，课件中信息量的大小应该以能否完成教学目标为主要设置依据，做到适量但不能过量。

（三）操作简易原则

当前高校一堂英语课的时间只有 45 分钟，在这 45 分钟内，教师既要复习上节课的内容，又要讲授新知识，还要带领学生做练习，因此，英语教师制作的多媒体教学课件应遵循操作简易原则。评判一个多媒体课件是否符合操作简易原则可以从以下几个角度出发：

1.课件的安装或运行快捷，也就是说，课件可以相对自由、不受限制地快速安装到任课教室的多媒体设备上，安装后能快速解析、运行。有些课件中的音频或视频素材对播放器有特殊要求，如果任课教室的多媒体设备上没有安装相关播放器就不能正常播放，因此教师要提前确定好播放器的安装与正常运行，或者在设置音频、视频文件格式时将其设置为通用格式。

2.课件操作简单、灵活、可靠，链接保证能正常打开、播放。课件设有目录、菜单，目录与内容之间的链接可靠，教师就能轻松找到想要的内容。

3.兼容性强。此处的兼容性强主要是指课件内容运行需要的工具、插件兼容性强，课件中使用的字体也应该是最常用的、可以正常显示的，课件能够与多媒体设备中的硬件系统和软件系统兼容，以防止运行过程中出现死机现象。

（四）画面简约原则

在制作英语多媒体教学课件的过程中，教师要遵循课件画面简约原则。多媒体教学课件画面要保持简约的主要目的在于使课件在吸引学生注意力的同时，不会出现过多干扰学生注意力集中的、与教学内容无关的信息。教师在制作多媒体课件的过程中要使课件画面保持简约，可以从以下几方面进行：

1.画面布局突出重点。多媒体课件的画面布局需要突出教学重点，使学生的注意力集中在教学重点内容上。要突出画面上的重点，教师需要做到：放在同一画面上的教学内容（不管是文字还是图片）不能太多，要少用一些装饰性的图片，尽量不使用动态效果的标题或图案，注意插入的音乐随时可以关闭，等等。

2.画面文字数量控制在合理范围内。使多媒体课件保持画面简约的另外一个重要方面就是控制画面上的文字数量。因为过多的文字不仅会使学生产生视觉疲劳，对他们在短时间内的理解和消化吸收来讲也是一个挑战，并且不利于他们静下心来感知语言学习的过程。因此，除阅读性的材料外，有关知识讲解的内容每页最多12行；在字号设置上，建议汉字不小于24号、英文不小于28号。

3.在切换不同页面的时候选择的动画效果也应以简约为主，避免过于烦琐，占用放映的时间；同一页面上文字和图片的显示、跳转最好"浅入浅出"，不要过于花哨；文字、图片显示和页面切换时要控制好背景音效，避免声音出现得很突兀。

（五）画面艺术原则

英语多媒体教学课件不仅应该体现出简约的特点，还应兼顾艺术的表达，做到简约性与艺术性的和谐统一。具有较强艺术表现力的多媒体教学课件不仅能取得较好的教学效果,还能给学生以美的享受,使学生在接受知识教育的过程中保持良好的情绪和心态。这就要求英语教师在制作课件的过程中,应注意课件画面的色彩搭配要合理、和谐,课件的结构设置要生动且匀称,课件的声音效果和动作展示要流畅。也就是说,最终制作出来的课件以简约为主要特征,同时兼顾艺术性。

综上所述,教师制作和使用多媒体教学课件的最终目的在于实现教学的最优化,每一个教学课件都是为课堂教学服务的,都是以教学目标为指导、以教学内容为依据的。因此,教师在制作教学课件时要认真考虑教学主题,处理好课件内容和课件表现形式的关系,保证形式为内容服务,内容为教学服务,不能片面地追求表现形式的复杂和华丽,分散学生的注意力,弱化教学效果。此外,教师要处理好教师、学生与课件在教学中的关系。教师是课堂教学的主导者和课件的演示者、讲解者;学生是课堂教学的主体,是教学活动的参与者和知识的接受者;课件是教师用来辅助教学活动开展的手段和工具,课堂教学的优化和高质量的教学效果是教师追求的教学目标。

四、多媒体教学课件的使用与评价

(一)多媒体教学课件的使用

在开展大学英语教学活动的过程中,教师应注意课件的展示以教学目标为依据,与教学方法密切配合,这样才能更好地呈现教学知识和技能,充分发挥多媒体技术在英语教学中的作用。与此同时,教师在课件的使用过程中需要做到以下几点:

1.处理好教师、学生和课件在教学活动中的关系,充分发挥教师的组织、引导作用,学生的主体作用,以及课件的辅助作用。

2.控制好课件展示的时机,注意页面的切换速度和切换效果,保证学生有足够的时间思考和消化所学知识，培养学生的多项思维能力。

3.注意师生之间的互动与交流，适当使用板书，防止学生产生视觉疲劳，保证学生的注意力一直在学习上。

4.注意使学生在有意注意和无意注意之间相互转换，使其抑制状态向兴奋、活跃状态转化，激发其学习的积极性和主动性，适当满足其自尊心和表现欲，使其保持长久的学习动力。

在使用多媒体教学课件上完课后，英语教师有必要进行课后反思，就是对课件的使用效果、课件使用过程中存在的问题等进行回忆和思考，得出可以继续保持或适当调整的结论。这种结论能为教师下一次使用该课件提供反馈信息。根据反馈信息，教师能意识到自己在使用多媒体课件开展教学活动过程中的优势和不足之处，进而加以调整和改进，实现最终的教学目标。

（二）多媒体教学课件的评价

高校英语多媒体教学课件的评价既包括对教学内容的评价，也包括对多媒体教学课件本身的评价，想要科学地评价英语多媒体教学课件，应先创建一个科学的评价指标体系。评价指标应是对多媒体教学课件教育价值的进一步细化，指标内容应完整地反映课件在教与学各个阶段、各个层面的教育价值。结合国内外各个机构对多媒体教学课件的评价方式和评价要点、教育部组织的历届全国多媒体课件大赛的评分标准，以及多媒体教学课件制作的原则，英语多媒体教学课件的评价指标可以设定为以下五个方面：

1.教育性

英语多媒体教学课件的教育性评价包括两方面的内容，即教学内容评价和教学效果评价。

对多媒体课件教学内容的评价指标包括课件教学内容应符合总体培养目标，符合不同阶段学生的语言发展能力和认知水平；课件教学内容中的知识结构体系应该清晰明了，难易结合，突出重点；课件教学内容中选取的素材应该符合教学内容的要求和学生的身心特点，能全面地提高学生的英语听、说、读、写能力。

对多媒体课件教学效果的评价指标包括通过参与课件教学活动，提高了学生的语言应用能力和语言交际能力；通过参与课件教学活动，培养了学生学习英语的兴趣，提高了学生的自信心；教师通过开展课件教学活动，解决了传统教学模式难以解决的教学难题，优化教学过程。

2.科学性

英语多媒体教学课件的科学性评价包括两方面的内容，即课件内容的语言规范性和教学媒体使用的科学性。其中，语言的规范性关乎教师的专业素养，体现在教师对教学内容的科学辨认和选择上。教师要仔细研究教材规定的教学内容，确保其正确性，同时根据教学需要，可以适当添加一些课外补充知识。教学媒体的使用也要符合科学性。

3.艺术性

英语多媒体教学课件的艺术性评价主要从课件的界面设计水平和整体设计水平两个方面着手。其中，界面设计水平的评判标准如下：界面布局合理、样式美观；文字、图片和背景页面的颜色搭配得体；图片或动画清晰稳定；其他色彩搭配和谐，整体视觉效果佳；音乐或动画播放流畅、没有卡顿。整体设计的较高水准则体现在以下方面：文字、声音和色彩相互搭配合理或新颖，有创意，表现力强，符合英语教学目标的要求和学生的认知水平；页面播放流畅、层次分明、节奏紧凑，图形图像与相应的解释说明搭配到位、和谐统一。

4.技术性

英语多媒体教学课件的技术性评价主要包括课件制作的水平和课件中涉及软件的运行效果。其中，软件的运行性能可以体现出课件制作的水平，这指的是软件运行稳定、性能良好，具有很强的兼容性和容错率，能够在各类计算机多媒体设备上正常运行，同时软件具有较强的操作性、可控性，操作者可以轻松地找到自己想要的内容。此外，除了可以从运行是否稳定角度评价软件的运行效果外，还可以从软件的程序设计、技术手段、画面解说等角度入手评价。

5.实用性

英语多媒体教学课件的实用性评价是指教学课件的内容、设计都应符合英语教学的教学目标和教学要求，具有科学性和实用性，有一定的推广价值，能给其他教学工作者带来教学的灵感和启发。具体来说，英语多媒体教学课件的实用性主要体现在以下几方面：

（1）课件选题科学合理，一些使用传统教学模式无法解决或不便解决的问题，可以通过多媒体课件展示来解决。

（2）课件内容选择恰当，不过于简单，也不会太难，应在学生的认知能力范围内，并能启发学生的英语学习思维。

（3）借用多媒体手段能生动形象地展现出来难以使用语言解释的知识点，可以提高学生的理解和掌握能力。

（4）能活跃课堂气氛，激发学生学习英语的主动性与自信心，从而提升教学效果，寓教于乐。

（5）课件制作不需要特别高的技术手段，但使用起来操作方便，效果好，值得其他教师学习和借鉴。

第三章　大学英语教学模式创新发展

第一节　慕课教学模式的设计与应用

一、慕课教学模式的定义

伴随着信息技术的发展，教育领域也在不断地进行创新和变革。在线课程教学方式作为一种新兴的教学模式，已经引起广大学者和学习者的高度重视。其中，慕课作为这个领域的代表性形式，以开放、大规模和在线的特点赢得了众多学习者的喜爱。

慕课，也称大规模开放的在线课程，其初衷在于强化知识的传播，提供一种新的学习平台和方式，旨在打破时间和空间的限制，为全球学习者提供更多灵活、免费、优质的学习机会。自慕课出现以来，其独特的教学理念、多元化的教学资源、优秀的教学团队和多样的在线学习活动让无数学习者受益匪浅。

慕课起源于国外，自从被引入我国以后，其在我国的教育界和学习者中迅速获得了广泛的认同。更重要的是，随着研究的进一步发展，慕课在我国逐渐成为一种重要的开放在线课程形式，大量的高等教育机构和教育科研机构开始投入资源和精力，开发和推广各类慕课。

然而，尽管慕课在在线课程中的地位十分重要，但慕课并不能等同于所有在线课程。事实上，慕课只是众多在线课程中的一种，而且不同类型的开放在线课程在教学目标、课程内容、教学方法等方面有所不同。比如，LOOK（区域开放在线课程）更注重服务特定区域的学习者，满足他们特定的学习需求；SOOC（小型开放在线课程）则主要面向一小群有特殊学习需求的学习者；而BOOC（大型开放在线课程）则旨在提供更大规模的在线学习平台，满足更多学习者的需求。这些不同类型的开放在线课程都在尽可能地满足更多学习者的学习需求，同时推动在线教育的发展和创新。

慕课的英文全称为 Massive Open Online Course，缩写为 MOOC，每一个字母都代表独特的含义。

首字母 M 代表 Massive（大规模）。这个"大规模"主要体现在两个方面：首先，课程的参与者众多，有可能来自全球各地，人数可能达到数万甚至数十万。这一特点反映了慕课的包容性和普惠性。其次，课程内容的规模相当大，涵盖了各个学科领域，包括自然科学、社会科学、人文艺术等。

第二个字母 O 代表 Open（开放）。这一点体现在慕课的学习方式、学习资源和学习平台等方面的开放性。慕课鼓励自主学习，学习者可以根据自己的兴趣和需要选择课程，而且学习的时间和地点都是自由的。此外，慕课平台上的课程资源也是开放的，学习者可以自由获取和使用。

第三个字母 O 代表 Online（在线）。这也是慕课的重要特点。慕课的所有学习活动都在网上进行，包括课程的学习、测验、讨论和互动等。这种在线性让慕课突破了地理空间的限制，使人们无论身处何地，只要有网络，就可以随时随地参与学习。

最后一个字母 C 代表 Course（课程）。这表明慕课是以课程为单位进行开设和运营的，每一门课程都有自己完整的教学目标、教学内容和教学计划。慕课课程的种类繁多，不仅包括科技、工程、数学等自然科学领域的课程，还有社会科学和人文艺术的课程，能够满足不同学习者的学习需求。

不同类型的开放在线课程具有不同的针对性和教学特色，但最终目的都是为学习者提供更多、更合适的学习机会，也给教师提供展现自己教学能力和风格魅力的平台。对于大学英语教学工作的改革与创新来说，采用慕课教学模式开展教学活动具有特殊意义。

二、慕课教学模式的意义和特点

（一）慕课教学模式的意义

采用慕课教学模式的意义主要体现在以下四方面，如图 3-1 所示：

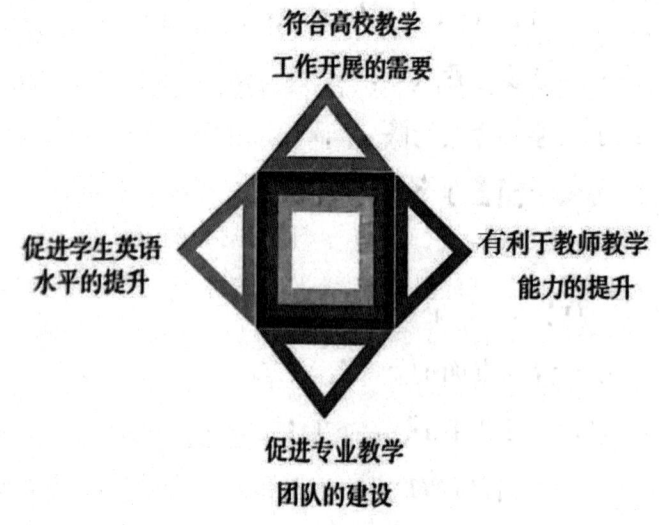

图 3-1　慕课教学模式的意义

1.符合高校教学工作开展的需要

《大学英语教学指南》（2020 年版）提出，在信息化与智能化时代，多媒体技术以及大数据、虚拟现实、人工智能技术等现代信息技术已成为外语教育教学的重要手段。倡导高校充分利用信息技术，积极创建多元化的教学与学习环境，建设或使用在线开放课程、线下课程、线上线下混合课程、虚拟仿真个性化课程等精品课程，实施混合式教学模式，使学生朝着主动学习、自主学习和个性化学习的方向发展。

慕课通过在线开放课程、线下课程、线上线下混合课程、虚拟仿真个性化课程等形式，丰富了课程资源，使教学方式更为多元化。这种混合式教学模式不仅能够满足不同类型学生的学习需求，而且可以有效提高教学质量，增强课程的吸引力，有利于提升学生的学习动力。同时，慕课可以结合多媒体技术以及大数据、虚拟现实、人工智能技术，为学生提供更丰富、更生动的学习体验，从而更有效地激发学生的学习兴趣，提高学生学习的积极性。

2.有利于教师教学能力的提升

大学教师的基础性教学能力分为三种：学科知识运用能力、教学设计能力以及教学实施能力。其中，教学设计能力是体现教师的教学思维和教学想法的一项重要能力。经过教师认真思考并实践操作后呈现出的慕课教学设计是慕课教学模式在课程开发与建设中的重要体现。因为慕课的制作并不是直接将传统课堂教学内容搬到线上那么简单，而是基于多媒体和信息技术的精细化设计。尽管教学资源种类丰富，很多资源呈现出碎片化、零散化特征，但主线不散，课程的主题就会很集中。除此之外，慕课平台能记录教学过程和教学内容的功能也会影响课程内容的设计。

慕课教学模式通过其独特的课程制作和教学方式，不仅给学生带来了全新的学习体验，而且极大地推动了教师教学能力的提升。以下三点将详细阐述这一主题：

（1）通过微视频教学，教师需要精练课程内容并进行有深度的授课。微视频的紧凑形式要求教师必须在有限的时间内，清晰地表述教学内容。这一过程实际上是对教师知识掌握和表达能力的双重考验。比如，对于一门关于英语语法的课程，教师需要以最简洁的语言、最清楚的逻辑，讲解出复杂的语法规则。这要求教师不仅对语法有深入的理解，而且能熟练掌握将抽象语法规则具体化、图像化的技巧。经过反复的尝试、修改，教师的教学设计能力和教学实施能力都能得到提升。

（2）由于慕课主要以微视频的形式开展教学活动，这就需要教师根据网络教学的特点，对教材内容进行重新组织和梳理。这一过程实际上是对教师学科知识运用能力的提升。例如，对于商务英语课程，传统教学可能会按照教材的章节进行教学，但在慕课中，教师可能需要重新安排教学内容，比如按照不同的商务场景或者不同的商务技巧进行组织，这就要求教师具有整合和运用学科知识的能力。

（3）通过设计在线练习和测试，教师能够提升教学评估的能力。在慕课中，教师需要设计与课程内容相匹配的练习和测试，这要求教师不仅能理解和掌握课程内容，而且能了解学生的学习情况，以便设计出适合学生的练习和测试。这一过程实际上增强了教师在课程设计、教学方法、评估手段等多方面的教学能力。例如，对于听力课程，教师需要设计各种不同难度、不同类型的听力题目，从而对学生的听力技巧进行全面的考核和提升。在这个过程中，教师不仅提高了自己的教学设计能力，还能更加深入地理解和掌握听力技巧的教学方法。

3.促进专业教学团队的建设

慕课教学模式不仅改变了传统的教学方式，还在很大程度上推动了教学团队建设的发展。这种模式通过协同工作，鼓励协作者开展更加深入的交流、分享和学习，从而提升教学水平和团队协作能力。

（1）慕课教学模式为团队合作提供了新的平台和方式。在创建一门慕课的过程中，教师需要共同开展大量工作，如课程设计、微视频制作、在线练习和测试设计等，这些活动需要教师跨越专业领域，集中知识和技能，齐心协力完成。因此，这种模式鼓励团队协作和交流，从而加强团队凝聚力。例如，当一个教师负责制作视频时，他可能需要另一个教师在语言准确性上提供帮助。这样的相互合作可以增强团队成员之间的关系，提高整个团队的效率和教学效果。

（2）慕课教学模式推动了教学资源的共享和利用。在创建和运行慕课课程的过程中，所有教学资源，包括视频、测试题、教学设计等都可以在线共享。这为团队内的教师提供了一个宝贵的资源库——他们可以从这些资源中获取灵感，改进自己的教学设计。更为重要的是，这使团队内的教师能够在共享和利用这些资源的过程中，形成一种积极的合作和互助的氛围。

（3）慕课教学模式为教师团队的持续专业发展提供了新的途径。由于慕课的在线性质，教师团队可以通过数据了解、分析学生的学习行为，从而对教学策略进行调整。这种数据驱动的反馈循环使教师团队能够根据实际情况持续改进自己的教学方法，使其保持最佳状态。同时，教师团队也可以通过观察和学习其他成功的慕课项目，从而提升自己的教学水平。

4.促进学生英语水平的提升

慕课教学模式在我国大学英语教学中的兴起对学生英语水平的提升具有重要意义，这主要体现在以下四个方面：

（1）慕课教学模式可以在全球范围内连接学生，从而为学生提供真实且丰富的语言环境。在慕课教学模式下，学生可以通过互动论坛、实时讨论甚至一对一的视频通话，与来自世界各地的学生和教师进行交流。举例来说，学生可以选择参加国际团队的项目工作，这样就需要其在实际环境中使用英语进行沟通和协作。这种语言环境不仅模仿了真实的英语使用情境，还鼓励学生进行主动的语言实践。因此，慕课为提升学生的英语语言能力提供了非常有利的环境。

（2）慕课教学模式的内容丰富性和易获取性可以帮助学生扩大他们的英语知识库。与传统的课堂教学相比，慕课教学模式能够提供更丰富的学习资源，包括各种主题的阅读材料、音频和视频以及各种语言练习。例如，学生可以通过慕课在线阅读各种英文书籍和文章，或者观看英文电影和电视剧，这些都可以帮助他们增强英语阅读和听力能力。此外，这种教学模式也可以帮助学生提高自主学习和研究的能力，这对于他们的英语学习和其他学科的学习都是非常有益的。

（3）慕课教学模式为学生提供了一个将专业知识和技能相结合的英语学习平台。它强调实践和应用，鼓励学生把所学的英语知识用于解决实际问题。例如，一门商务英语的慕课可能会让学生进行角色扮演练习，模拟真实的商业场景，如商业谈判或者产品推介。通过这种方式，学生不仅可以提高英语语言能力，还可以在实践中学习和理解专业知识。因此，慕课教学模式可以帮助学生提高他们的综合能力。

（4）由于慕课教学模式的灵活性和个性化，它可以更好地适应不同学生的学习需要。慕课教学模式可以为每个学生提供适合他们水平和需要的学习资源和活动。例如，学生可以选择自己的学习进度，根据自己的学习需求选择学习的内容和活动，甚至可以根据自己的时间和地点选择学习的时间和地点。这就意味着无论学生的英语水平如何，他们都可以从慕课中获得他们需要的学习资源和支持，从而有效地提高自身的英语水平。

（二）慕课教学模式的特点

慕课教学模式的特点主要体现在以下三个方面，如图 3-2 所示：

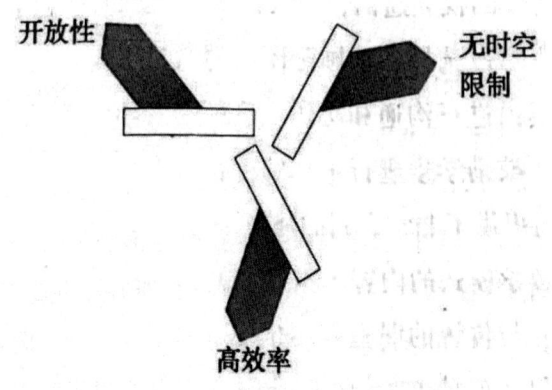

图 3-2　慕课教学模式的特点

1.开放性

在慕课教学模式中，其开放性的特点可以进一步展开为内容的高质量、开放性的教学与学习形式以及透明度带来的良性竞争。

（1）慕课教学模式的开放性在于其注重内容的高质量。这是因为教师需要在全社会和同行业中接受审查和监督，以进一步推动教师提高教学质量。比如美国杜克大学的布莱德教授，他在为慕课制作教学视频的过程中力求精准和严谨，甚至认为这个过程让他的教学水平达到了巅峰状态。另外，学生可以根据他们的需要和偏好自由选择课程，给出对课程质量的评估，从而进一步提升教师对课程质量的重视。

（2）开放性的教学与学习形式也是慕课教学模式的特点之一。慕课教学模式鼓励学生主动学习和深度学习，通过短视频、回顾测试、深度互动等方式，使学习变得更加活跃和生动。此外，家庭作业、作业批改、问答平台等元素也为学生提供了充分的学习资源和互动机会，拓宽了学习的深度和广度。

（3）开放性的教学模式增强了教育的透明度，从而产生了良性的竞争效应。由于所有学习活动都在网络平台上公开进行，教师和学生的表现都可以被公众看到，这不仅可以鼓励教师提高教学质量，还可以激励学生更加努力地学习。此外，全球范围内的学习者之间互动讨论可以极大地促进学生学习的积极性和不断思考，从而进一步提高学习效果。在这种环境下，教师和学生都面临来自全球的挑战和竞争，从而激发了他们的积极性和创新性。

2.无时空限制

传统的教育模式受到时间和空间的限制，学生必须在规定时间内到达指定地点，才能参与到教学活动中。而慕课教学模式完全打破了这种限制。无论学生身处何地，无论是白天还是黑夜，只要有网络，学生就能够访问在线课程，学习他们感兴趣的内容。这种无时空限制的特性为学生提供了极大的学习灵活性，让学习可以在任何时间、任何地点进行，这对于忙碌的成年人或身处偏远地区的学生来说，无疑是一个很好的学习机会。

3.高效率

慕课教学模式的另一个显著特点是高效率。传统的教学模式往往需要教师一对一或一对多地进行教学，这在某种程度上限制了教学的效率。然而，慕课教学模式利用了网络技术和数字媒体的优势，使同一门课程可以同时服务数以千计甚至数以百万计的学生。此外，通过慕课平台，学生可以自主地选择学习的节奏和进度，反复学习难以理解的部分，直到完全掌握为止。这种方式不仅可以提高教学的效率，而且可以极大地提升学生的学习效果。

在线课程教育的兴起促进了我国慕课平台的搭建。2013年，我国成立了东西部高效课程共享联盟，并将这一年称为"中国慕课元年"。2014年5月，中国大学MOOC平台由网易网络有限公司与高等教育出版社"爱课程网"合作推出，它联合北京大学、复旦大学、浙江大学、新加坡国立大学、微软亚洲研究院等211所知名高校和机构推出上千门精品大学课程，截至2023年9月，已有800余所院校机构加入了这一平台。中国大学MOOC平台创建的目标是让每一个有提升愿望的学习者都能在该平台学习到中国最好的大学课程，并获得认证证书。

在我国，学习英语也有专门的慕课平台，那就是中国高校外语慕课平台UMOOCs。UMOOCs是中国高校外语慕课联盟的慕课平台，是高校专属的外语在线课程平台。UMOOCs汇聚国内外各高校优质课程，各高校可引入联盟优质资源建设本校精品课程，实现跨校课程共享和学分互认。

无论是中国大学MOOC平台，还是中国高校外语慕课平台UMOOCs，两者都体现出以下三方面的特点：

（1）集约性。平台汇集了全国各地的优秀教育资源，由一线的教学团队进行精心打造，使平台具备极高的教学质量和学习效率。在教师层面，通过设计慕课教学、布置课后作业、评定学生成绩等环节，教师能够受到启发，提高使用信息技术的能力，寻找和实施最适合学生发展的教学模式；在学生层面，无论是来自重点大学还是普通院校的学生，都能通过这个平台获得优质的学习资源，有效提升学习效果。

（2）交互性。平台的另一个重要特点是交互性。慕课作为一种在线课堂，其交互性显得尤为重要。尽管教学环境是虚拟的，但教师和学生仍然可以实现有效互动。例如，通过设计进阶作业，慕课能够为学生的学习提供动力。学生只有完成一定的进阶任务，才能继续观看教师的在线讲授。这种设计不仅设定了具体的学习任务，而且使教师可以在教学过程中获得及时的反馈，从而及时调整教学策略，提高教学效果。

（3）广谱性。互联网时代信息技术的发展推动着世界各国、各地区的教育进入"在线课程"阶段。在慕课教学模式下，教师授课可以不受时间、地点、学生人数等因素的限制，有时一些著名教师开设的慕课可以吸引几千人甚至几万人同时在线观看。我国当前的高校学生人数十分庞大，但英语教师的数量相对有限，如果一名英语教师用传统的课堂教学模式开展学生人数过多的教学活动，其教学效果就难以得到保证。而慕课本身所具有的广谱性就能够很好地解决这一难题。慕课作为一种新型的教学模式对全体学生开放，不管学生身在何处，只要有网络和智能设备，就能随时进行学习。

三、慕课教学模式的设计

（一）明确课程建设目标

在设计慕课教学模式时，明确课程建设目标是第一步。这个目标既要符合教学内容，又要符合学生需求，以提供优质的教学体验。高校英语慕课的目标在于利用互联网信息技术，采用灵活、创新、现代化、数字化的教学方式开展教学，以激发学生学习英语的兴趣。这需要教师具备深厚的专业英语知识和技能，以及收集和整理在线课程资料的能力。

课程建设目标并不是一成不变的，而应是动态的，应根据专家和学者的意见、学生学习特点和教育教学改革发展的要求，进行适时调整，以保证慕课目标的全面性和有效性。为此，高校英语教师需要注重维护和更新课程内容，构建动态化的慕课体系，以提高课程的整体水平和质量。

（二）丰富课程教学内容

丰富教学内容是高校英语慕课教学模式设计的重要环节。内容应当多样化，涵盖生活相关话题以引发学生兴趣，同时引入相关的多媒体资源，如动画、视频等，为学生营造良好的在线学习环境。这些资源不仅有助于学生更好地理解课程内容，而且能够激发他们的学习兴趣。

在选择和使用这些多媒体资源时，教师需要注意控制视频的长度，确保时长控制在 5~15 分钟。这是因为视频过长会包含过多的信息，给学生的理解和吸收带来压力。此外，教师还需要注重添加语言文化知识，帮助学生了解和尊重不同的文化，提高他们的跨文化交际能力。

（三）健全评价反馈体系

在高校英语慕课教学模式设计中，考核评价和反馈环节十分关键。这不仅可以检验教学目标是否达到、评价教学质量，而且能提高学生学习的积极性。慕课的在线考核方式多样，如单元测试、期末考核、视频学习效果考核、线上讨论互动表现考核等。

在实际操作中，英语教师可以通过在线平台布置作业，学生完成后上传，教师进行批改和反馈。这种方式不仅可以激发学生的学习兴趣，还可以刺激他们的创造力和想象力，提高在线教学效率。同时，通过在线平台，教师还能够了解学生的学习情况，及时向学生提供帮助和指导，实现差异化和个性化教学。

四、慕课教学模式的应用

（一）加强慕课基础设施建设

高等教育中的慕课基础设施建设是提高学生学习效率、增强课程吸引力、拓宽知识获取渠道的重要途径。网络技术、多媒体技术、大数据技术等为慕课的实施提供了技术保障，让英语教学可以突破时间、地点的限制，进一步丰富和完善了教学手段。

1.加强慕课基础设施建设，需要建设和改造网络实验室和多媒体教室，使它们具有支持高质量网络课程的硬件设备和网络环境，如高速宽带、稳定的网络环境、高清的音频和视频设备等。这样不仅可以保证课程的高清晰度，减少卡顿现象，提高学生的学习体验，还能够为教师录制优质的网络课程提供设施支持。

2.加强慕课基础设施建设，需要积极配置数据库服务器和网站服务器，以支持大规模的数据存储和处理，满足慕课对数据的高并发访问需求。随着互动、评测、测验等元素的加入，慕课对数据处理的需求大大增加，只有强大的数据库服务器才能保证系统的稳定运行。

3.慕课的教学支持系统、教务信息管理系统等既是慕课平台运行的核心，也是加强慕课基础设施建设的重要组成部分。教学支持系统能为教师提供课程制作、学生管理、作业批改等功能，使教师能够更高效地完成教学任务；教务信息管理系统则可以实时跟踪学生的学习情况，为教师提供个性化教学的参考。

4.慕课实施阶段可能出现系统运行缓慢、崩溃等问题，需要通过实时监控、维护、定期升级等方式，确保系统的稳定运行。同时，收集和整理教师和学生在使用过程中遇到的问题并及时回复和解决也能为教师和学生提供更好的使用体验。

（二）加大教师培训力度和学生监督力度

在慕课的应用过程中，教师和学生的角色发生了显著变化。教师不再是传统的"授课者"，而更像是"引导者"和"设计者"；学生不再是被动地接受知识的"学习者"，而更像是主动地探索知识的"参与者"。因此，加大对教师的培训和对学生的监督就显得尤为重要。

教师需要通过培训，掌握新的教学理念和教学技能，如慕课的设计、制作、发布、评估等技能，以及慕课中的教学方法、学生管理等知识。此外，教师还需要理解和掌握网络教学的规律，如学生在线学习的习惯、学习动机、学习方式等，以便设计出更加符合学生需求的课程。

在学生的监督方面，教师需要引导学生正确看待和使用慕课。首先，教师需要向学生普及慕课的优点和特点，激发学生对慕课的兴趣；其次，教师需要定期检查学生的学习情况，对学习态度不端正、学习效果不佳的学生进行个别指导；最后，教师需要鼓励学生积极参与慕课的讨论和活动，培养学生的自主学习能力和团队合作能力。

第二节　微课教学模式的设计与应用

一、微课教学模式的定义

微课教学模式以微学习的理念为基础，通过划分和重构教学目标、内容和过程，注重教学的关键和难点，构建微型化的学习资源，为微型学习提供支持。这种模式主要通过移动教学或在线教学方式进行。尽管与常规课程在形式上有所不同，但微课也包含完整的知识结构、教学设计、教学活动和评价等环节，只是这种课程的目标更加精简，内容较少，学习时间较短，学习方式更具灵活性。微课教学模式的关键在于"微"，即微课专注更细节、更具体的学习主题。课程的主题针对性强，直接对问题的核心进行探讨，一事一课，一课一话题，让学生学习更加专注和精细。

在构建微课程的内容时，教师需要将教学内容碎片化、情境化和可视化，这样学生就可以利用智能手机、平板电脑等移动设备进行学习，不受时间、地点的限制。

对于学生而言，微课教学模式提供了一种"自选式"的学习机会，能帮助学生理解并掌握某个学科知识的核心观点和关键技能。它以主题为依托，让学生在有限的时间内，针对一个特定的主题进行系统、全面的学习，以完成该主题的所有学习任务。这种学习方式大大地提升了学习的效率和质量，让学生可以在短时间内掌握更多知识。

二、微课教学模式的特点、类型与意义

（一）微课教学模式的特点

微课的主要特点集中体现在以下七个方面，如图3-3所示：

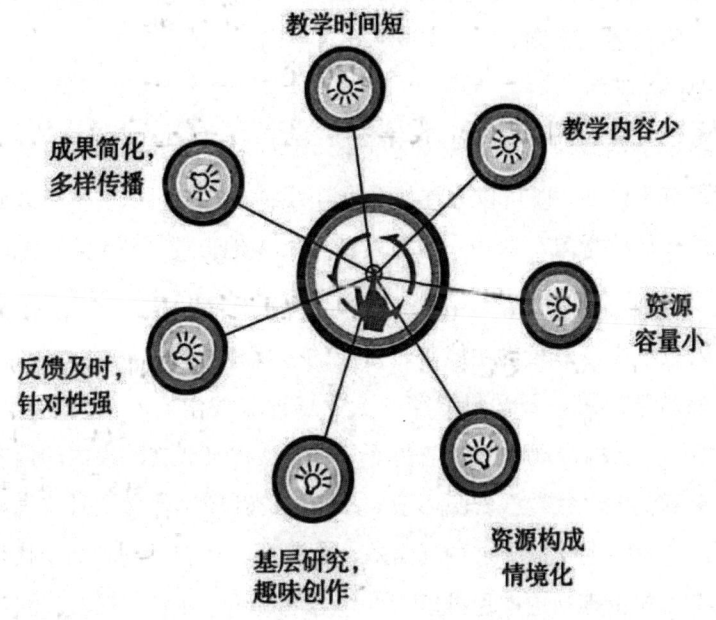

图3-3　微课教学模式的主要特点

1.教学时间短

微课教学模式的显著特点之一是教学时间精简。每堂微课通常只需5~8分钟，极大地满足了现代学生对快节奏、高效率学习方式的需求。这种精简的教

学时间是基于对学生认知特性和学习规律的理解。短时间的高强度学习有利于保持学生的注意力，避免由于过长的学习时间而导致注意力分散。此外，精简的学习时间也让学习变得更加灵活和便利，使学习可以更自然地融入学生的日常生活中，满足学生灵活学习的需求。

2.教学内容少

微课教学模式的另一个重要特点是对教学内容的精选和聚焦。与传统课堂教学通常需要涵盖多个主题、多个知识点不同，每堂微课通常只包含一个或几个核心的知识点，聚焦对这些知识点的深度讲解和实践应用。这种方式使学生能够更有针对性地进行学习，更加专注理解和掌握这些关键内容，而不是在海量的信息中感到迷失方向。

3.资源容量小

资源容量小是微课的重要优点之一。一般而言，微课的视频及其包含的辅助性资源只有十几兆，既可以方便快捷地在线播放，也可以轻松下载到各种终端设备上进行离线学习。这种小容量的特点极大地方便了学生和教师的使用。

4.资源构成情境化

微课以教学视频片段为主线整合而成的多媒体素材和课件、学生的参与评价、教师的教学反思以及学科专家的专业点评等教学资源构成了一个主题鲜明、类型多样、结构合理的微课主题单元资源文件夹。文件夹中的内容为师生营造了一个真实的"微教学资源环境"，这种资源环境使微课具有视频教学案例的特征。广大师生受益于这种真实的、典型的、案例化的教与学情境，进而可以实现隐性知识等高层次思维能力的培养和提升，并且可以沉浸式体验不同教学技能和风格的特点，从而迅速提升教师的教学水平，提高学生的专业知识水平。

5.基层研究，趣味创作

微课鼓励基层研究和趣味创作，这是其重要的教学模式之一。教师可以利用自己的专业知识和兴趣，创作出具有吸引力的微课。这种教学方式不仅能够提高教师的创新精神,而且能够激发学生的学习兴趣和学习动力。

6.反馈及时,针对性强

微课的反馈系统及时并且针对性强,使学生能够迅速知晓自己的学习状况。微课由于内容简洁,教学时间短,学生在完成学习后可以快速获得反馈。这种及时的反馈可以帮助学生了解自己的学习状态,有针对性地调整学习方法和策略,从而提高学生的学习效率。

7.成果简化,多样传播

微课的学习成果简单易懂,可以通过多种方式进行传播。这种多样化的传播方式满足了不同学生的学习风格和需求,使他们能够更有效地吸收和掌握知识。另外,也为教师和学生提供了一个平台,让他们可以以多种形式展示自己的学习成果,从而进一步激发他们的兴趣和热情。

(二)微课教学模式的类型

根据功能和开展方式可以将微课分为以下六种类型,如图3-4所示:

图3-4 微课的六种类型

1. 讲授类

在微课教学平台和微课教学比赛中，讲授类的微课是比较常见的类型。讲授类的微课就是教师使用生活化、口语化的方法向学生传授知识与技能。就英语这一学科专业来说，教师既可以讲授英语单词、短语的含义和用法，又可以给学生介绍文章作者或重要的写作背景知识、文化知识。

2. 问答类

问答类的微课就是教师根据教学设计向学生提出问题并进行解答的课程类型，也有一些是教师自问自答类型的。当教师提问完之后，学生针对教师提出的问题进行短暂的思考，在此期间，学生需要暂停观看教学视频，学生在得出答案后继续观看。问答类的微课可以用于课前导入和课后练习，教师可以通过问答引导学生开展自主学习或帮助学生巩固所学的知识。

3. 启发类

启发类微课的设计目标在于激发学生的主动学习意愿，并培养他们独立思考和解决问题的能力。教师在设计课程的过程中，需要根据学生的学习风格和水平，以及当前的教学目标和内容，创造出一种能够引导学生主动参与学习的环境。例如，教师可以设计一些启发性的问题或情境，让学生尝试自己去解决，而不是直接给出答案。这种学习方式不仅可以调动学生学习的积极性，而且有利于培养他们的创新思维和解决问题的能力。在这种模式下，教师的角色也从传统的知识传授者转变为引导者和协助者，帮助学生在学习过程中找到适合自己的学习方法。

4. 讨论类

讨论类微课的目标是培养学生的思考能力和讨论能力。教师在课程中提出一些开放性的话题或问题，然后让学生自由发表观点和意见，通过互动和交流来拓展思维和深化理解。教师还可以设置一个在线论坛，鼓励学生分享他们对课程内容的看法，或者围绕一些社会热点话题进行讨论。这种方式不仅能让学生在理解和掌握知识的过程中拓宽视野，提升表达能力，还能培养他们尊重他人观点、接受不同思想的能力。

5.演示类

演示类微课以直观展示和操作示范为主，帮助学生从感性认知入手，更好地理解和掌握知识。例如，教师可以通过视频演示实物操作过程，或者用模型来解释抽象的概念。在科学实验类的课程中，教师可以进行示范性实验，让学生通过观察实验过程和结果，对理论知识有更深入的理解和认识。此外，学生也可以根据教师的演示，自己动手进行操作或实验，从实践中学习和领悟。

6.练习类

练习类微课的主要目的是帮助学生检测学习效果，巩固和提高所学知识和技能。在这种模式下，教师通常会设计一些练习题或学习任务，让学生在完成学习后进行尝试，以此检查他们是否真正理解和掌握了所学内容。而且，反复的练习有助于学生将知识转化为自身的技能，加深记忆，形成长久的学习效果。同时，教师可以根据学生的练习情况，提供及时的反馈和指导，帮助他们调整学习策略，进而提高学习效果。

（三）微课教学模式的意义

在互联网信息技术高速发展的时代，微课教学模式作为提升高等教育信息化水平的重要形式，在世界众多国家和地区都得以推广和普及，微课的制作与实施还为现代化高等教学模式的深化改革提供了可以参考的方法。各高校作为培养现代化、国际化人才的基地，更应紧跟时代发展的潮流，引领教育的创新与改革。因此，在高校采用微课英语教学模式具有重要的现实意义。

1.顺应时代发展的趋势

在一个以互联网快速普及和移动设备不断进步为特征的时代，获取信息变得越来越方便和高效。微博、微信和视频分享应用的出现进一步加深了人们对智能手机的依赖。这些现代信息技术对教育和学习产生了深远影响，甚至改变了传统的学习方式、教育观念和阅读习惯。许多教师已经观察到这一趋势对学生开展学习的影响。有些学生上课甚至不带任何与课程相关的资料，但从不离开电子通信设备。显然，数字时代对学生产生了一定影响，使他们更容易接受数字化学习模式。具体来说，他们更偏向选择性强、易理解、多样化和富有趣味性的信息形式。传统的教学方法已无法满足他们的需求，教师一味地坚持传统的教学方法将严重阻碍学生的学习进展。微课是"微"时代的产物，它通过精简内容传递丰富的概念，以小博大，与当今学习者的学习方法和阅读习惯高度契合，也很接近当下学习者的学习心理。

2.促进大学英语教学的信息化改革

传统的大学英语教学模式主要是在课堂中进行教学活动。这种教学模式所涉及的大量复杂信息和枯燥的教学方法容易使学生在学习过程中感到乏味和疲惫。因此，传统的教学模式已经不能满足当前信息时代快速发展的需求。

随着网络技术和信息技术的迅猛发展，QQ、微信和微博等社交平台相继出现。人们可以在这些平台上发布各种文章和视频，从而吸引网民的关注和转发。现在，短视频已经成为信息传播的重要方式之一。作为知识传播工具，微课已经成为适应学习者需求的创新教学方法。微课教学的引入有助于大学英语教学观念的转变。

然而，改革是一个循序渐进的过程，需要一定的时间，需要以能够体现时代特征的先进理念为指导。因此，如果大学英语教学的改革跟不上信息时代发展的潮流，只是对原有教学体系进行微小改变，就无法达到预期效果。将微课引入大学英语教学有助于高校英语课程体系的有效改革。高校英语课程改革是高校英语课程的重要组成部分，需要从课程设置、评价体系、学生学习方法、教师教学方法等多方面进行思考。微课借助现代信息技术，随着教学资源的优势进行整合、提炼知识，可以有效地帮助教师丰富教学方法，有助于学生转变角色，提高学习效果。

三、微课教学模式的设计

（一）设计原则

1.开发高质量的学习资源

高校英语微课教学模式的设计应遵循开发高质量学习资源的原则。因为微课教学模式的设计首先是为了提高学生的学习兴趣，增强学生学习的自信心，培养学生的自主学习能力，因此微课的资源设计应该注意开发高质量的、能促进学生成长的学习资源。高质量学习资源开发的理论依据源自自我效能感理论。自我效能感是个体对自己是否有能力完成某一行为所进行的推测和判断，自我效能感强的学生会对学习产生强烈的愿望，因为他们相信自己能学会想要掌握的知识。微课的内容设计就是要增强学生的自我效能感，使学生对自己的学习能力有信心。

因此，高校英语微课教学模式的资源设计应该更注重质量的高低，而不是容量的多少；所选学习资源既不要过于简单，也不要难度太大。如果资源内容过于简单，学生就会觉得没有挑战性，因而不会有学习的兴趣；如果资源内容过于困难，学生理解起来很吃力，就容易产生挫败感，因而也不利于培养其自信心。具体来说，高校英语教师应针对学生的学习需求和认知水平，开发和设计科学、适量的资源，聚焦热点话题，突出课程主题，强调语言应用能力的培养。

2.控制时间，分解内容

高校英语微课教学模式的设计应遵循控制好教学时间、适当分解教学内容的原则。也就是说，在微课教学时间的设计上，高校英语教师在保证教学效果的前提下，应尽量缩短微课教学的时间，最好控制在15分钟以内。在设计教学内容时，应尽可能地分解大块的知识点，将完整的知识体系划分为一个一个小的知识点。因为学生对学习失去兴趣的原因往往是学习过程中的整体学习任务过于复杂、庞大，从而让学生望而生畏、失去信心。因此，将较大、较难的学习目标分解成逐个的、具体的、易于完成的简单目标，有利于引导学生在一次次成功后增强学习的自信心和积极性，从而保持持久的学习热情。

3.体现多元格式特征

高校英语微课教学模式的设计应遵循多元格式特征的原则。也就是说，高校英语微课的设计要支持不同的学习形式，不仅可以应用于课堂教学，还可以应用于网络学习平台，满足学生进行移动学习的需求。也就是说，高校英语微课设计不仅要适合在学生个人计算机上进行学习，还要能使学生使用手机、平板电脑等移动设备随时随地进行学习。

（二）设计注意事项

高校英语微课教学模式的设计不仅要遵循以上原则，还要注意以下三个方面的内容：

1.要支持学习内容的传递

微课主要用于帮助学生自学，因此，英语微课教学模式设计的教学内容要特别注意内容阐述的逻辑性、科学性和完整性。与此同时，还要注意符合学生的认知水平和语言认知规律，以及注意其实际操作功能的设置，以保证学生在没有教师指导的情况下也能自主学习。

2.要有完整的教学环节和学习流程

当微课教学模式设计的教学内容从单一的专业知识设计扩展到与专业知识相关的其他领域的内容时，教师不仅要设计好全套的教学环节，还要结合学生学习过程的设计，按照学习习惯和逻辑，合理安排活动步骤，实现教师教学与学生自学的有效衔接。以肢体语言微课的设计为例，教师不仅要讲授有关肢体语言的基本理论知识，还要设计由易到难、由浅入深、环环相扣的问题来引发学生的思考。例如，什么是肢体语言、肢体语言有哪些类型、不同民族使用相同的肢体语言表达的意思一样吗、不同的肢体语言能表达相同的含义吗，教师可以通过这样的方式，引导学生逐步掌握肢体语言的相关概念、文化特征，并结合微课中列举的实例，主动研究肢体语言在跨文化交际活动中的应用。

3.要考虑如何实现学生与微课的双向互动

微课教学模式要向学生提供便于参与课程讨论、开展自主学习、提供实时反馈等方面的项目选择。英语微课教学模式的设计也不例外，教师要设计与课程内容相对应的练习活动。例如，授课内容为信函写作的微课可以设计以下活动：让学生开展在线讨论，教师针对授课内容提出问题并及时回复学生提出的问题，教师鼓励学生展示自己的写作成果并向大家做思路介绍，教师适当添加练习测试让学生练习写作技巧，教师抛出一个话题组织学生进行辩论，等等。

四、微课教学模式的应用

（一）辅助课前预习

面对现代社会的信息化特点，微课作为一种新型的教学方式，在大学英语教学中发挥了重要作用。尤其在课前预习环节，微课可以极大地激发学生的学习热情，提高学生的学习效率。

在传统的英语教学模式下，学生往往缺乏足够的课前预习，进而在课堂上因跟不上教师的讲解进度而使学习效率降低。微课的出现有效地改变了这一现象。教师可以在课前将重要的教学内容或需要学生预习的部分通过微课的方式整理并提供给学生，使学生在课前就对即将学习的内容有大致的了解和初步的认识，从而为课堂教学做好充分的准备。这种方式不仅能让学生更加主动地参与预习中，而且能够有效地激发学生的好奇心，增强学生的学习兴趣和动力。

此外，微课在课前预习阶段的应用能够帮助学生更好地理解和掌握复杂的概念和知识点。借助微课丰富的视听资源，教师可以将抽象的概念以生动形象的方式表达出来，使学生能够更直观地理解和接受知识，从而提高学生的学习效果。总的来说，微课在课前预习阶段的应用能够激发学生的学习热情，提高学生的学习效率，为课堂教学打下坚实的基础。

（二）辅助课堂教学

微课的出现为传统的课堂教学提供了新的可能。微课的形式多样，既可以用来展示讲解的内容，也可以用来让学生进行实践操作。对于课堂教学而言，微课既可以作为教师讲解的辅助工具，也可以作为学生自主学习的资源。

1.微课可以作为教师讲解的辅助工具。在课堂讲解中，教师可以使用微课来展示复杂的概念或者难以用语言表述的内容，帮助学生更直观、更深入地理解课程内容。此外，微课的视听效果可以帮助教师提高课堂的活跃度，增强学生的学习兴趣。

2.微课可以作为学生自主学习的资源。教师可以将一些扩展阅读或者课后作业整理成微课，供学生在课堂之外自主学习和研究。这样不仅可以帮助学生巩固在课堂上学到的知识，还可以激发学生的探索欲望，培养他们的自主学习能力。

（三）辅助课后练习

在传统的教学模式中，课后作业主要以纸质的形式存在，学生在完成作业的过程中，往往因为缺乏足够的参考资料和指导而感到困扰。微课的出现为这一问题提供了有效的解决方案。

1.微课能提供丰富的练习资源。在当前的教学环境中，微课作为一种新的教学媒介，其独特的教学形式与传统的纸质教学资料相比，具有更广阔的空间和更丰富的可能性。教师可以将课程中的重要知识点、复杂概念等内容以微课的形式进行展现，如通过动画、图解、真实场景等方式，使抽象、复杂的知识变得形象、直观，易于理解。这种方式可以使学生在课后学习和完成作业的过程中有更多的参考和练习资源，从而更好地理解和掌握课程内容。

2.微课能提供及时的反馈和指导。微课不仅可以提供丰富的练习资源，而且能为学生提供及时、个性化的反馈和指导。教师可以根据微课的互动功能，对学生的学习情况进行实时监控，及时了解学生的学习进度和理解程度，对学生的问题和困惑进行解答，对学生的作业进行讲解和点评。

基于以上操作，微课能够形成一个良好的教学反馈环境。学生可以通过观看微课，学习并模仿教师的解题方法，查看教师的作业批改，发现自己的错误和不足，然后及时进行改正。这样不仅可以提高学生的学习效率，而且有助于建立教师和学生之间的互动和交流，增强教学的效果。

第三节　混合学习教学模式的设计与应用

一、混合学习模式的概念

混合学习是当代教育学界所关注的一种热门学习模式，但不同的人对"混合"二字的理解不同。有些学者认为，混合学习就是多种学习理论和教学理论指导下的学习模式，如由认知主义、建构主义、行为主义理论指导设计出的学习模式；有些学者认为，混合学习综合了"以教为中心"和"以学为中心"两种教学模式；有些学者认为，混合学习应同时包含面授学习模式和在线学习模式，这种看法与将混合学习定义为多种数字媒体结合学习模式的观点类似；还有些学者认为，混合学习是面授学习、自主学习与合作学习模式的融合。

国外学者哈维·辛格和克里斯·瑞德对混合学习的定义如下：混合学习注重选择合适的教育技术来匹配学习者的学习风格，以便在合适的时间将合适的知识技能传递给合适的人。

中国学者何克抗认为，混合学习可做如下理解：在引导学习者开展学习活动的过程中，结合传统学习方式和网络学习方式的优势，帮助学习者掌握相关知识和技能；既要发挥教师在学习过程中的主导作用，又要体现学生作为学习主体的主动性与创造性；只有将二者的力量相结合，才能获得最好的学习效果。

结合当今时代互联网教育迅速发展的教育教学背景，本书将混合学习的概念表述如下：在学校教育、教育机构培训或社会教育培训项目中，依据教育培训的目标、学习者的学习需求、教学资源的类型和教学活动的设计，结合传统学习方式、数字化学习方式形成的综合学习方式。

从目前的实际应用情况来看，混合学习模式大多是将面授学习和在线学习两种模式结合在一起，以帮助学习者学习的模式，目的是使学习变得更轻松、更有效，使学习者获得更好的学习效果。在单一的在线学习模式中加入面授学习的环节，弥补了在线学习不利于监督管理等方面的缺陷，因此，融合了在线学习和面授学习两种模式的混合学习模式一经出现，立刻引起了学习理论、教育理论、教学实践领域的广泛关注。

二、混合学习模式的优势

混合学习模式的具体形式不是固定的，教学活动的实施者需要根据学习对象的学习特点、学习需求和外在的教学条件灵活选择。混合学习模式不仅有利于发挥各种学习模式的综合优势，而且为参照多种模式进行教学设计、开展教学活动的教师提供了创新的机会。具体来说，混合学习模式的优势体现在以下五个方面，如图3-5所示：

图3-5 混合学习模式的优势

（一）学习方式自由

在混合学习模式下，学生有更大的自由度去选择和组织自己的学习方式。不论是先通过面授课程获取知识，然后使用在线学习系统进行练习、复习和测试，还是先通过教学视频自学，再将所学知识带到课堂上讨论或向专业教师求教，混合学习模式这种灵活的学习方式为学生提供了更广阔的学习空间。他们可以根据自己的学习需求和学习计划选择最适合自己的学习方式。在线视频的特性，如可以随时暂停、重播、放大等，使学生在没有教师陪伴的情况下也能自主学习。混合学习模式最大的优势在于它能够根据每个学生的特点，为其提供个性化的学习路径。

（二）专家参与评论

混合学习模式可以借助互联网信息技术引入优质的外部教学资源，并且可以邀请相关领域的专家进行专业知识讲解和答疑。这些专家在自己的研究领域的知识水平大多高于任课教师，他们的参与无疑可以帮助学生得到更深入、更具体的专业知识，从而引发学生的深思。与此同时，这种方式也可以让学生拓宽知识视野，与更多的知识领域专业人士接触，发展更成熟的专业思维。

（三）增加沟通交流

在混合学习模式中，学生不仅在课堂上有面对面交流的机会，而且可以在网络环境中与他人进行讨论和互动。他们可以通过网络论坛或课程聊天室等平台发表观点，进行在线讨论。这种方式比单一的在线学习和面对面教学都要优越，因为它既保留了线上学习的便捷性，又拥有线下教学的人际交流优势。对于那些在单一在线学习环境下容易感到孤独，或者在单一面对面教学中因为时间限制无法充分沟通交流的学生而言，混合学习模式无疑为他们提供了一种有效的解决方案。

混合学习模式的发展在一定程度上使教育资源的分配更加公平，使高等教育朝着全球化、国际化的方向发展，学生通过互联网可以找到各种类型的学习资源，与来自其他国家和地区的学习者展开交流，互相分享学习经验，开展交流互动。

（四）增加学习反思

在混合学习模式中，学生可以通过多样化的学习活动和讨论机会，逐渐建立起对所学内容的反思意识。他们不仅可以在课堂上学习和讨论，而且可以在线上查阅相关资料，反思自己的学习方式和手段。他们可以通过互动学习、共同反思、协作学习的方式，深化对所学知识的理解，增强学习效果。

（五）增加学习时间

混合学习模式极大地增加了学生的学习时间和学习机会。对于那些没有时间在学校接受全日制教育的学习者来说，他们可以利用自己的空闲时间进行学习。这些学习者只需要通过网络和手机、平板电脑等移动设备，就可以在家、在路上或在任何一个方便的地方进行学习。这种方式使学习者学习的时间和空间更加灵活，使他们有更多的机会去学习和提升自己。

三、混合学习教学模式的构建

互联网信息技术和多媒体技术在大学英语教学中的广泛应用，促进了以教师为主导、以学生为主体的混合学习教学模式的构建。在混合学习教学模式下的大学英语教学对教师的教学能力、教学技术等各方面提出了新的要求。英语教师不仅要灵活运用以教为主的教学策略和以学为主的学习方式，还要收集、整理各种可以用于混合学习教学模式的教学资源，设计混合式教学方法。本书从大学英语教学的实际情况出发，综合考虑英语教学中的语言知识、语言技能、情感态度、文化意识、学习策略五个方面的内容要求，构建了适用于大学英语教学的混合学习教学模式，该模式依托网络交互式教学平台展开，由课前、课中、课后三个教学阶段构成。

课前阶段，也称学生的预习阶段，由观看微课视频和参与线上交流讨论两部分组成；课中阶段，也称学生的正式学习阶段，由上机自主学习和课堂面授教学两部分组成，其中，自主学习模块又包括语音识别、人机互动、仿真场景、学习评价、交流平台五个组成部分，面授教学模块则由小组活动、成果汇报、课程总结和评价反馈四部分组成；课后阶段是学生巩固和复习所学内容阶段，包括完成作业、素质拓展和交流讨论三部分。

根据以上介绍可以看到，在基于网络交互式教学平台构建的混合学习教学模式中，教师的角色发生了转变，他们不再是传统意义上的讲述者、灌输者，而是学生学习过程中的帮助者和支持者。教师在课前的准备工作和课后的评价工作中需要付出的努力会更多，而学生在整个学习过程中的主体地位得到了保障，这与传统教学模式注重教师讲解、忽视学生学习状态的做法差别较大。

四、混合学习教学模式的设计与应用

在大学英语教学活动中，混合学习课程的设计与应用可以分为三个阶段，即课前阶段、课中阶段和课后阶段。

（一）课前设计与应用

混合学习教学模式中的课前设计与应用是一项重要工作，涉及课程设计、资源整合、教学计划制订等多个方面。对于英语教师来说，他们需要利用微课设计软件为自己的课程打造一个在线教学环境，然后依据教学大纲和教学目标，提炼和梳理出重要的教学知识点，并创建相关的知识页面。这些页面的内容包括教师自主创设的教学内容、相应的教学资源等，均需要整理并上传至教学资源库中，以便学生自主预习。

为了引导和监督学生的自主预习，教师还需要为课程制订详细的学习计划，包括学生自主预习的内容和进度，以及参与面授教学活动的时间和方式等。在课程论坛或聊天群中，教师可以发布课前讨论的题目来激发学生的学习兴趣和积极性，可以通过在线考试等形式，来检查学生的预习情况和知识掌握情况，并以此为依据对学生进行分组，设置小组任务。

在传统的课堂教学中，教师往往对学生的课前预习行为缺乏干预和了解，而在混合学习教学模式中，教师可以通过平台的功能，了解学生的学习情况，对他们的学习行为进行有效的引导和监督。这不仅能够提高学生的学习效果，而且能够为教师的教学提供更有效的反馈，从而有助于教师进行教学调整和改进。

在整个课前设计与应用过程中，教师扮演着教学设计者、教学引导者、学生学习监督者等多重角色。他们需要运用教学技术和教育理论，结合自己的教学经验，为学生提供一个富有挑战性、互动性的学习环境，激发学生的学习兴趣和潜能，提高他们的学习效果。这对教师的专业素养和能力提出了更高要求，也为他们的教学实践提供了更大的发挥空间。

（二）课中设计与应用

在混合学习教学模式下，教师在课程实施过程中的作用发生了显著变化，他们不再仅仅是知识的传授者，而成为学生学习的引导者和辅助者。教师可以根据网络平台记录的信息，了解每个学生的学习进度和知识掌握情况，然后据此进行教学设计和调整，从而最大限度地满足学生的学习需求。

在混合学习教学模式的课堂教学活动中，小组活动的组织和开展尤为重要。教师可以利用网络交互式教学平台为学生创建分组，这样学生就可以在小组中开展合作学习、成果汇报等活动。这种方式不仅可以培养学生的团队合作精神和协作能力，而且有利于提高教师的教学管理效率。因为在小组活动中，教师可以指派小组长负责组织和管理本小组的活动，这样可以让教师有更多的时间和精力来关注每个学生的学习情况，为其提供更加个性化的教学帮助。

另外，教师可以设计一些贴近学生生活或符合学生兴趣的话题和场景，利用人机互动和仿真技术帮助学生进行自主学习。例如，教师可以设计一些英语口语实践活动，让学生在仿真的生活场景中进行角色扮演，以此来提高他们的英语口语能力和跨文化交际能力。

（三）课后设计与应用

课后的课程学习分为机房自主课后学习以及课堂面授课后练习两部分，英语教师要针对这两部分内容展开设计，这两部分的设计主要依赖现有的互联网信息技术和学校构建的在线学习系统。

教师可以利用在线学习系统的题库资源布置课后作业。这些题库资源可以涵盖各种题型，适应不同学生的学习需求。学生可以自由选择时间和地点，通过各种联网设备完成相关作业。这种方式的优点在于学生可以根据自身的学习进度和掌握情况，选择自己感兴趣或需要加强的模块进行练习。此外，考虑到网络覆盖的问题，许多在线学习系统提供了离线学习的功能，学生可以先下载需要学习的内容，然后在没有网络的情况下进行学习，等到有网络时，系统会自动记录他们的学习时长。

教师也可以利用在线学习系统布置一些自主设计的作业，如写作和口语练习。例如，教师可以布置一项口语练习的作业，要求学生进行角色扮演，并提交音频或视频对话。这种作业形式既可以让学生实践并提高口语技能，也能提高学生的交流能力。在完成作业的过程中，教师可以通过在线平台实时监控学生的学习进度和情况。教师可以看到每个学生的学习时长、完成作业的人数、未完成作业的人数，以及表现优秀的学生的详细情况等。这种透明的学习记录不仅可以帮助教师对学生的学习情况有一个全面的了解，从而提供更有针对性的指导，而且能激励学生更积极地参与学习，提高他们的学习效果。

因为不同学生的英语基础水平不同，因此英语教师可以根据学生的英语水平设置不同的学习要求。此外，教师可以利用微信、QQ、百度贴吧、微博等普及性较强的软件及时获取学生的反馈信息并与学生展开实时交流。

课程内容设计取材真实的情景式对话。教师要引导学生观察，生活中遇到同样的话题时，鼓励学生分别用中文和英文进行表达，对比中英文表达存在的差异，从而启发学生思考，并鼓励学生通过社交平台等渠道进行分享，从而进一步了解英语语言文化与汉语语言文化的异同。

不只是学校的多媒体硬件设施和在线学习系统可以帮助学生在课后进行学习,社会上还有很多专业人士开发了很多有趣的英语学习App(Application,移动客户端),如"英语趣配音"是一款通过配音模仿锻炼学习者英语口语的App。这一软件的运营方式是软件中收集了很多英语原味的视频资源,用户首先可以看到很多地道的英语表达和精彩的故事情节,但该软件不只是将这些视频资料整合在一起,而是利用视频剪辑软件将原视频内容切割成了一句一句的英语,用户可以根据个人的学习需求和强项逐字逐句地进行模仿练习;该软件可以将用户配音和原有视频片段进行技术合成,进而形成一个完整的配音片段,用户可以将自己配音的视频片段发布到自己的微博、微信等软件上进行分享。

第四节 大数据视域下英语课堂教学模式的创新

一、大数据概念的由来与含义

(一)大数据概念的由来

尽管大数据的概念在公众视野中的出现相对较晚,但其实在20世纪80年代,未来学家阿尔温·托夫勒就在他的著作《第三次浪潮》中提出了"Big Data"(大数据)这一术语。然而,尽管托夫勒的预见性突出,但在当时,这个术语并未在广大读者群体中引起较大的反响。

随着时间的推移,到了2011年,情况发生了改变。麦肯锡全球研究院发布了一份影响深远的报告,标题为《大数据:下一个创新、竞争和生产力的前沿》。这份报告不仅强调了大数据在未来的重要性,而且明确宣布"大数据时代已经到来"。这一声明无疑对大数据的理解和应用产生了深远影响,它标志着大数据从相对边缘的领域走向了主流,这也使大数据开始受到公众的广泛关注。

对大数据概念的进一步推动来自全球知名的高德纳咨询公司,该公司发布的技术成熟度曲线,使大数据概念的影响力得到了进一步扩大。这条曲线不仅展示了技术发展的可能路径,还揭示了大数据所处的位置和潜力。这使人们不仅开始关注大数据,而且开始探索如何利用大数据,以及大数据如何影响人们的生活。

在此基础上,维克托·迈尔-舍恩伯格和肯尼斯·库克耶合著的《大数据时代:生活、工作与思维的大变革》的出版无疑为大数据的理解和应用提供了更深的视角。这本书深入地阐述了大数据的意义,分析了大数据如何改变人们的生活、工作和思维方式,并展望了大数据的未来。这些观点和理论的阐述使大数据的概念在全球范围内得到了普及和理解。

因此,大数据的发展和普及既是科技进步的必然结果,也是社会意识的提高和认知方式的变革。从托夫勒的早期探索到麦肯锡全球研究院的报告,再到高德纳咨询公司的技术成熟度曲线,最后到舍恩伯格和库克耶的深入阐述,大数据的理解和应用日益深入人心,成为改变世界的强大力量。

(二)大数据概念的含义

在这个快速发展的时代,信息技术的进步和互联网的广泛使用使人们与网络紧密相连,无论是在生活和工作中,还是在学习中,网络已经成为人们不可或缺的一部分。随之而来的是,网络用户的数量急剧增加,网络上的信息资源也正在以惊人的速度积累。在这个背景下,大数据可以被理解为数量巨大的信息资源,而大数据时代则可以被看作互联网时代发展的一个重要阶段。

不过,大数据所指的并不仅仅是大量数据。从字面上理解,大数据就是一大堆数据，但这并不是大数据的真正含义。事实上，尽管数据的规模在一定程度上体现了大数据的特点，但这并不是大数据的核心。真正的大数据更关注如何利用这些数据来服务人们的生活、如何将这些数据转化为对人们有用的信息，这是大数据真正的价值所在。

因此，大数据的概念不仅仅涉及数据的数量，更重要的是，如何处理和使用这些数据。当人们讨论大数据时，关注的不只是数据的规模，更关注的是数据的实际应用，考虑的是如何从这些大数据中挖掘出对人们有用的信息，让这些数据发挥其真正的价值。这既是大数据的核心含义，也是人们理解和探索大数据的关键所在。

实际上，大数据的概念包含了许多方面：首先，大数据涉及数据的收集，包括如何获取数据、如何存储数据以及如何管理数据等问题。其次，大数据涉及数据的处理，包括如何分析数据、如何解读数据以及如何将数据转化为有用的信息等问题。最后，大数据涉及数据的应用，包括如何将数据用于决策、如何将数据用于创新以及如何将数据用于提升生活质量等问题。这些都是人们在理解大数据时需要考虑的问题，也是大数据真正的含义所在。

二、大数据视域下进行英语教学模式创新的意义

随着互联网的广泛应用和大数据技术的不断发展，当前各个行业都在寻求利用大数据来优化生产和提升产品质量。作为知识创新和人才培养的重要场所，高等教育机构也在不断产生新的数据。如果这些数据得到妥善的处理和应用，无疑能够为提升教学质量和优化教学环境提供有力支撑。

具体来说，高等教育机构的数据具有丰富性和多样性的特点，来源于教学、科研、管理等多个领域。在这些数据中，既有教师的教学策略、教学方法，又有学生的学习习惯、学习效果，还有教育管理的各种情况，这些都是大数据的重要组成部分。通过对这些数据的深度挖掘和综合应用，不仅可以有效改进教

学方法和教学策略，提高教学效果，而且可以为科研工作提供有力的数据支持，进一步推动科研成果的创新和应用。

对于英语教学来说，大数据的运用同样具有重要意义。首先，大数据可以帮助教师更好地理解学生的学习情况和需求，从而精确地制定教学策略和教学方案。例如，通过收集和分析学生的学习行为数据，教师可以更准确地了解学生的学习难点和兴趣点，从而对教学内容和教学方法进行有针对性的调整，提高教学效果。其次，大数据可以帮助教师更好地管理和利用教学资源，优化教学环境。例如，通过收集和分析教学资源使用情况的数据，教师可以更有效地管理和分配教学资源，提高教学效率。最后，大数据可以帮助教师更好地评估教学效果，进一步提升教学质量。例如，通过收集和分析学生的考试成绩、作业完成情况等数据，教师可以更全面、更客观地评价教学效果，为下一步的教学改革提供有力支撑。

因此，大数据不仅可以提高英语教学的科学性和专业性，而且可以帮助教师更好地理解学生，更有效地管理教学资源，更全面地评估教学效果，从而推动英语教学的创新和发展。因此，高校教育教学工作者需要充分认识到大数据在教育教学中的重要作用，积极探索大数据在教育教学中的应用方法，从而充分发挥大数据的潜力，推动教育教学的现代化进程。

三、大数据视域下进行英语教学模式创新的方法

在大数据视域下进行英语教学模式创新的方法主要包括以下五种，如图3-6所示：

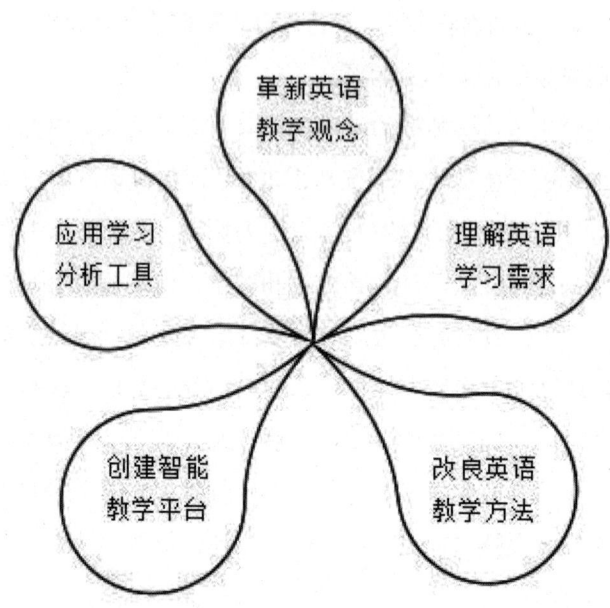

图 3-6 大数据视域下进行英语教学模式创新的方法

（一）革新英语教学观念

随着大数据时代的到来，对英语教学观念的革新成为提高教学水平、创新教学模式的重要步骤。在当前的高校环境中，部分教育工作者对信息技术的运用缺乏足够的掌握，对信息化、数字化教学的理解并不透彻。这些都成为阻碍英语教学适应现代化社会发展需求的重要因素。为了应对这种挑战，高校需要紧随大数据时代的步伐，进行英语教学观念的革新，改革英语教学体系，实现英语教学活动的信息化和数字化，从而提升大学英语教学的质量和效率。

（二）理解英语学习需求

利用大数据技术对学生的学习需求进行收集、整理和分析，可以得到相对准确的分析结果。这些结果将为大学英语教学提供有价值的参考，有助于教育工作者制订科学的教学计划,激发学生学习英语的兴趣,满足他们的实际需求。例如,通过统计学生在搜索引擎上的搜索行为,教育工作者能够了解学生的学习兴趣和需求,发现学生学习英语的兴趣点,从而选择合适的教学内容,设计教学活动。此外,教育工作者可以利用网络调查问卷收集学生对英语教学的意见和想法,并结合教学目标,选择其中可行的建议进行教学改革和创新,从而达到提升学生英语水平和英语综合应用能力的目的。

(三)改良英语教学方法

在大数据时代,信息技术在学科教学中的应用为学科教学提供了良好的条件。对于英语教学模式的改革与创新来说,选择的教学手段和方法是衡量教师教学能力、影响教学效率的重要因素。因此,高校英语教师必须积极学习现代化教学设备的功能应用以及操作方法,并结合教学内容和学生的学习特点,改良传统的教学方法,这样才能全面提升教学水平和效率。实践证明,利用多媒体、计算机设备开展教学活动的方法比传统的讲授法、提问法、练习法更受学生欢迎,学生参与教学活动的积极性和主动性也会更高。因此,教师需要关注大数据技术的发展,研究互联网技术在教学中的应用,将学生的兴趣爱好、学习需求与英语教学紧密地联系在一起,引导学生采用更科学、更现代化的方式学习和运用英语,以全面提升英语学习的质量和效率。

(四)创建智能教学平台

当今时代,大数据在推动教育变革过程中的影响力不容小视。新兴的网络授课方式,如慕课和微课,正是在大数据的推动下诞生并得到广泛应用的典型例子。这些新型的在线教育方式使教学内容更灵活、更个性化,同时也为学生提供了自主学习和探索的空间。

在此基础上,大数据技术的普及和发展为大学英语教学的科学性、信息化、数字化和现代化提供了强大支撑,奠定了坚实基础。高校需要充分意识到大数据技术在未来英语教育教学实践中的关键作用，需要利用大数据时代带来的机遇和优势，构筑符合自身发展目标的智能化英语教学平台。

智能化英语教学平台的设立能够有效地激发学生的学习兴趣。这类平台通过生动的视觉和音频效果以及互动性强的教学设计，使学生在享受学习过程的同时，能够积极参与其中，主动探寻和获取知识。同时，智能化教学平台能够提升教学效率。通过智能化教学平台，教师能够实时了解学生的学习情况，从而及时调整教学策略，更好地满足学生的学习需求。此外，智能化教学平台能够提升学生的学习效率。学生可以根据自己的节奏进行学习，通过互动性的练习和测试，更好地理解和掌握知识。

因此，构建智能化教学平台已成为大数据时代下英语教学模式改革和创新的有效手段。高校应以时代发展的特点为指引，推进英语教学模式的创新。只有这样，高校才能在满足英语教学需求的基础上，为学生的全面成长和发展提供坚实的保障。

（五）应用学习分析工具

在大数据视域下，学习分析工具成为英语教学创新的重要手段。学习分析是一种结合大数据分析技术和教育研究方法，通过收集、分析和报告学习者在学习环境中的行为数据，以理解并优化学习和学习环境的过程。学习分析工具可以提供学生在学习过程中的行为模式、学习成果、学习困难等各方面的信息，以帮助教师制订出更符合学生需求的教学计划。

教师可以通过学习分析工具，深入了解学生在线上学习的行为，例如，如何完成作业，甚至在哪些地方停留的时间较长。这些信息可以为教师提供关于学生的学习状况、进度和问题的反馈，帮助教师及时调整教学策略，以提高教学效果。此外，教师可以根据学生的学习行为和成果，为每一个学生提供个性化的学习建议，以提高他们的学习效果和学习满意度。

同时，大数据分析能通过挖掘隐藏在数据背后的模式，预测学生可能的学习结果和趋势以及可能出现的问题，从而提前进行干预。例如，分析结果显示一个学生在某个单元的学习上花费了过多时间，那么教师可以有针对性地提供帮助或者调整教学内容和方式，以提高学生的学习效率。另外，学习分析工具可以帮助教师发现那些可能存在学习困难的学生以及可能出现的学习问题，从而提前进行干预，防止问题的产生。

第四章　大学英语教学方法创新发展

第一节　大学英语教学中常用的教学方法

要分析大学英语教学中常用的教学方法，首先要清楚大学英语教学法的含义。英语教学法是一种建立在系统的原则和程序基础上的语言教学的途径和做法，是有关语言教与学的最佳方式的观点应用。这些观点有关英语和英语学习的本质特征、英语教学的教学大纲、教学目标、教学任务、教师责任、教材作用等。这些观点也研究学习者的学习过程以及用英语材料进行教育的过程。从操作程序角度分析，英语教学方法是有关教学过程中教师要做什么、怎么做，学生做什么、怎么做的具体问题，也就是有关实施教学内容的决策、技巧问题。按类型进行划分，英语教学法可分为语法翻译法、情境教学法、交际教学法等多种类型。下面主要介绍大学英语教学中较为常用的几种教学方法。

一、语法翻译法

（一）产生背景

语法翻译法又称为翻译法，其形成可以追溯到 18 世纪末至 19 世纪中期。该教学方法的产生源于欧洲一些专门教授外语课程的学校。语法翻译法的特点是注重外语词汇和语法的教学，以培养学生的阅读能力和写作能力为主。

语法翻译法的产生背景与人们学习外语的目的有着密切联系。18世纪和19世纪，人们学习外语的主要目的是希望能够阅读希腊语和拉丁语的书籍，同时，人们也需要使用这两种语言来撰写书籍。在此期间，欧洲的学术界和知识阶层普遍认为，掌握这两种古老的语言是受过良好教育的标志。也就是说，当时人们学习外语的主要目的是学习古代的知识和智慧，而不仅仅是为了应对实际的交际需求。

语法翻译法认为，在教学过程中，教师需要担任知识的传授者和教学活动的组织者、实施者。教师需要对学生进行严格的讲解和指导，强调语法规则的掌握和对句子的精确翻译。学生在这个过程中往往处于较为被动的地位，需要接受和记忆教师传授的语言知识，然后在课后通过大量练习来强化记忆和掌握。

（二）主要特点

语法翻译法的教学特点如图 4-1 所示：

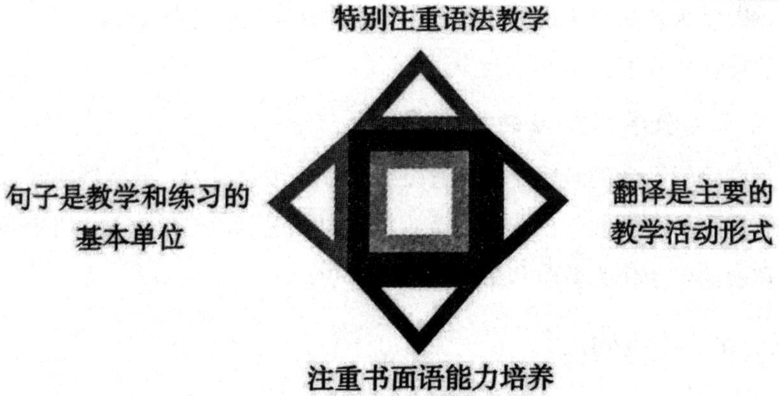

图 4-1 语法翻译法的教学特点

1.特别注重语法教学

语法翻译法最突出的特点就是重视语法教学,这一点体现在语法翻译法的各个方面。首先,在语法翻译法中,语法被当作语言的核心内容,因此也是外语教学的主要内容。其次,教材的编写也是参照语法体系的内在结构进行编排的。最后,对外语教师教学成果的评价点也集中在学生对语法的掌握程度上。

2.翻译是主要的教学活动形式

语法翻译法的另一个显著特点是翻译是主要的教学活动形式。在具体的教学实践中,教师使用学生的母语展开教学,向学生传授翻译知识。学生除了在教师的引导下识记词汇、短语,进行阅读外,还要通过母语与外语之间的相互翻译来练习掌握的语言知识和规则。

3.注重书面语能力培养

基于语法翻译法产生时的社会发展背景和学生的学习需求,语法翻译法特别将外语教学中的口语教学与书面语教学分开进行。其中,口语教学只教学生掌握字母和单词的正确读音,只占整体教学内容的一小部分;相比之下,由于语法翻译法的首要教学目标是培养学生的阅读能力和写作能力,因而书面语教学占整体教学内容的一大部分。这种将口语与书面语分开教学的方法有助于教学活动的设计与开展。

4.句子是教学和练习的基本单位

为了减轻学习者的理解压力,适应学习者的接受能力,语法翻译法改变了传统希腊文和拉丁文教学中选用复杂难懂的语段进行教学的方法,用更容易被学习者理解的句子作为教学和练习的基本单位。

(三)具体应用

在通常情况下,使用语法翻译法开展课堂教学的具体操作是教师先用母语翻译并叙述整篇文章的大致意思,然后对文章中涉及的语法规则进行详细的分析和讲解,随后引导学生通过多次阅读加深对文章的理解。具体而言,以某一篇文章的讲授为例,语法翻译法的课堂设计可以分为以下几个步骤:

1.在课堂上，教师会先用学生的母语详细介绍这篇文章的创作背景。这个环节不仅能让学生更好地理解文章的背景和历史环境，还能帮助他们理解作者的动机，甚至作者的写作风格和特点。教师会深入讲解作者的相关信息，如生平事迹、写作成就等，使学生能更好地理解作者的创作思想和动机。同时，教师会提出文章的主题和主要观点，使学生一开始就能对文章有一个全面而深入的了解。通过这样的方式，学生在接触文章前，就已经对其有了一个基本的框架和预期，这将为后续的学习打下基础。

2.在引出文章后，教师会带领学生一起学习和掌握文章中出现的新词汇。这是一个非常重要的环节，因为对词汇的理解和运用直接影响学生对文章的理解。教师会用各种各样的方式帮助学生学习这些新词汇。例如，通过领读和跟读的方式帮助学生掌握正确的发音，通过解释和实例帮助学生理解单词的含义，通过造句让学生明白单词在实际语境中的运用。这样，当学生接触文章时，能更好地理解和应用这些新词汇。

3.当学生掌握了这些新词汇后，教师会开始与学生一起阅读和翻译文章。在这个过程中，教师会一句一句地对文章进行朗读和翻译，每一段都会被仔细解析。在解析的过程中，教师不仅会使用学生的母语解释短语和句子的意思，还会详细讲解句子中的语法结构。例如，教师会指出并讲解其中的时态、语态、词性等，以此帮助学生理解并掌握语法规则。

4.完成对文章的讲解和翻译后，教师会进行进一步教学活动。首先，教师会要求学生自己朗读并翻译文章，以检查他们对文章的理解程度。同时，教师会安排一些阅读理解的练习，包括选择题和问答题，旨在让学生更好地理解和掌握文章的中心思想。这些练习不仅可以强化学生的理解能力，还可以帮助他们提高阅读和翻译能力。最后，教师会根据本堂课的内容，给学生布置一些翻译作业，以便学生在课后进一步巩固所学的知识和技能。

（四）优缺点

1.优点

语法翻译法作为历史上存在时间最长的外语教学法，在之前外语教学条件差、外语教师的工作压力大的教学情况下曾发挥过重要作用。语法翻译法的优点具体表现在以下几方面：

（1）通过对目的语词汇和语法知识的系统传授，帮助学生打好外语学习的基础。

（2）通过分析书面语的构成和表达方式，帮助学生深入理解和掌握目的语。

（3）有助于学生内化目的语结构，提高正确表达能力。

（4）有助于学生辨别自己对目的语做出的有意识或无意识的假设，对比目的语与母语的异同。

（5）不需要太多教具和其他教学条件，只要有教材就能上课。

（6）教学流程易于操作，教师的教学压力较小。

（7）教学目标清晰，便于对学生的集中统一管理和测试。

2.缺点

语法翻译教学法建立在人们对语言传统认知的基础上，因此在实际的教学和应用过程中，不可避免地会有一些缺陷存在。

（1）过分重视翻译教学，只通过翻译的手段传授外语知识，这样的方式会造成学生在使用外语时依赖母语表达的思维和翻译的习惯，不利于培养学生地道的外语表达习惯。

（2）过分注重语法规则的掌握和使用，忽视了语音和语调的教学，背离了语言学习用于表达和交流的初衷，阻碍了学生口语能力的发展和提升。

（3）教师在教学过程中的主导性太强，学生的主体性被忽视，不利于培养学生学习语言的积极性和主动性。

（4）教学方式以教师的讲解为主，强调死记硬背，师生互动、生生互动不足，不利于发挥学生的主观能动性，不利于培养学生的语言表达能力。

（5）忽视了文化因素、语言实际应用在语言教学中的重要性。

二、情境教学法

（一）基本定义

与语法翻译法不同的是，情境教学法的核心不是注重学生书面语能力的培养，而是注重激发学生的情感，使学生能在复杂多变的交际情境中充分发挥主观能动性，做出正确判断，灵活应对各种交际语言。在教学过程中，教师会根据教材内容，充分利用图片、实物、电子影像等教学条件，并结合学生的身心特点设计、开展教学活动。

情境教学法的基本步骤有三个：设置教学情境，学习目的语；以培养听说能力为主，反复展开练习；布置适量书面练习题，巩固语言结构认知。

因为在情境教学法中，教师主要是用英语组织教学活动，向学生讲解语言知识和布置作业，所以教师要保证自己的英语表达是标准的、正确的，这样才能给学生树立学习的榜样。如果碰到一些用英语难以解释的语言知识，教师也可以适当使用学生的母语进行讲解。教师会要求学生尽量使用英语对话、提问。

（二）教学原则

1.自主性原则

自主性原则主要包括两个方面的内容：一方面，情境教学法的实施需要师生之间保持良好的教与学的关系。良好的师生关系是开展情境教学的基础。因为情景教学的设定就是模仿实际的交际状态，只有教师和学生之间保持互相尊重、互相理解、互相信任，才有顺利模仿实际交际的基础。这意味着教师必须了解学生对学习外语的想法和需求，学生也要学会理解教师的教学目的，积极响应教师的引导和号召。另一方面，在情境教学法中，学生在教学活动开展的过程中要保持主体地位。这是因为情境教学法的重要教学目的是培养学生的独立意识和自我评价能力。要坚持这一原则，教师在教学过程中需要做到从学生的实际需求出发，使学生在学习语言的过程中体验交际的乐趣、保持快乐的心情。

2.体验性原则

在使用情境教学法开展外语教学活动的过程中，教师要想办法根据教学内容设置恰当的教学情境，然后引导学生发现问题，依靠自身的能力去寻找问题的答案，并分辨、讨论其对错。体验性原则是指教师要帮助学生树立"过程"与"结果"同样重要的观念，让学生在轻松愉快的氛围中体验学习、取得进步。

（三）情境设计

语言的产生和发展离不开特定的文化背景，人们的日常交际行为和社会发展离不开语言的使用，因此语言的学习应放在一定的社会文化情境中展开。在根据现实交际情境模拟出来的场景中学习，学生可以激活原有的认知经验，并将新的知识与之前的认知经验联系起来，从而理解新的知识，并将新的知识融入原来的认知体系。因此，在英语教学活动中，教师要设计出能引导学生激活旧的认知经验，并积极参与新的交际对话中的情境。教师可以从以下几方面入手：

1.范例提供

理解和解决问题的前提是对问题有所了解并且能够根据自己的经验建构解决问题的心理模型，而学生不可能对所有情境和问题都有经验，因此，在情境教学法中，教师需要为学生提供相应的范例来填补学生的认知空缺，从而为问题的解决奠定基础。并且，为了培养学生灵活的认知能力和思维方式，教师提供的范例必须包括解决问题的多种观点和思路，这样更有利于学生发散思维，发挥想象力和创造力。

2.任务呈现

此处任务的呈现是指教师对学生学习任务的呈现。在情境教学法中，教师向学生呈现学习任务时，首先要注意向学生介绍任务产生的社会文化背景；其次要尽可能用生动、有趣的语言呈现该任务。除此之外，教师还要在呈现过程中，为学生预留一些可操作的维度和空间。这些都是为了引导学生更快地融入情境，吸引学生积极参与回答问题。

3.教师指导

建构主义理论认为，学生是教学活动的中心，学生应主动建构学习知识的意义，加工知识信息。同时，教师是整个教学活动的组织者、引导者，对学生的知识意义建构起到促进和辅助的作用。教学活动的每一个环节都离不开教师的精心设计、有效启发和组织管理，如果失去了教师的引导和管理，学生的建构行为就成了毫无秩序的盲目探索，是无法获得成功的。

4.信息资源

教师在进行情境设计的过程中，需要确定学生所需信息的具体种类和数量，以建构问题模型，提出方法假设。教师需要为学生提供必需的信息资源，以开展情境布置。这些信息资源应该是学生乐于接受的、能帮助学生认识和解决问题的，具体而言，应包括各种信息和知识，如文本、图片、实物、音频、视频、动画等资源。

5.认知工具

由于学生的知识经验有限，感官输入信息的能力也有限，因此获取认知资源的途径受到了限制。此时学生就需要认知工具的帮助。认知工具是情境设计的重要辅助工具，具体是指支持和扩充学生思维过程的心智模式和设备。认知工具通常是可视化的智能信息处理软件，如专家系统、信息库等。

三、交际教学法

（一）基本定义

交际教学法产生于 20 世纪 70 年代的欧洲国家。交际教学法的产生与当时的社会历史背景密切相关。20 世纪 60 年代，西方发达国家经济发展迅速，交通日益便利，不同国家和民族之间在经济、文化等领域的沟通与交往日益频繁。在沟通与交往的过程中，语言不通成为主要障碍。一些在本国学过外语的人到了国外却无法顺利开展交际活动，因此严重影响了他们的生活和工作。在这种情况下，交际教学法应运而生。

交际教学法以社会语言学和心理语言学理论为理论基础，以交际功能为大纲，以培养学习者的交际能力为目标。此处的交际能力不仅指语言的沟通和对话能力，还包括不同场景下的应对能力。例如，如何运用语言及相关文化知识获取交际信息、开展人际交往等。也就是说，在使用交际教学法开展教学活动的过程中，教师的注意力应放在如何引导学生使用语言完成交际任务、达到交际目的上，而不是只关注句子的结构或表达是否完全正确。

（二）教学原则

交际教学法有四项基本的教学原则，如图4-2所示：

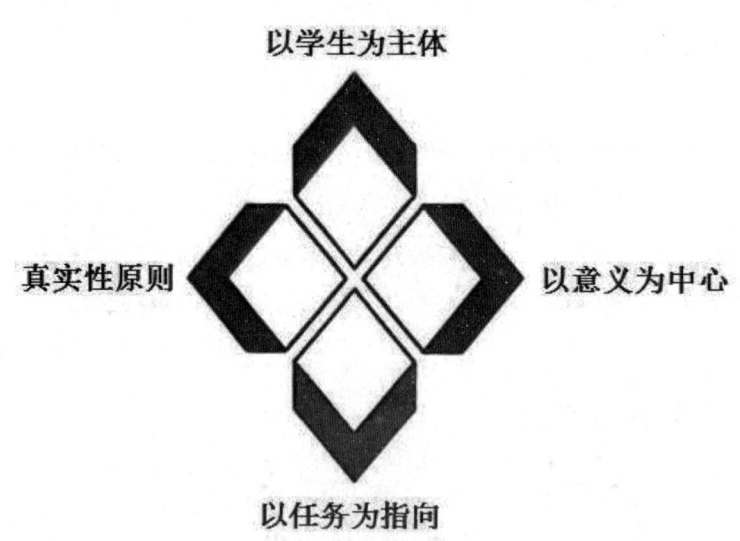

图4-2 交际教学法的基本教学原则

1. 以学生为主体

交际教学法强调语言在交际中的应用和学生交际能力的培养，因而把学生当作教学过程的中心和主体。在交际教学法中，课堂教学的大部分时间是学生在思考、在实践，教师讲解的时间只占一小部分。当然，教师的职责和任务依然十分重要。教师的主要职责有两方面：一是为学生营造一个没有压力、轻松和谐的课堂氛围和接近真实情境的语言实践场所；二是教师要想办法充分调动学生参与教学活动的积极性和主动性，鼓励学生多发现问题、思考问题，以及通过实践、调研等方法自己动手解决问题。

2. 以意义为中心

在真实的交际情境中，人们最关心的永远是意义的传递和情感的表达，其中，意义的传递是最基本的，因而在交际教学法中，特别强调以意义为中心。这一点与传统的教学方法存在很大区别。如果教师比较信服传统的结构主义教学方法，那么就会把词汇、语法、句子结构作为教学的重点。事实上，这也是在众多传统教学法教导下学生不愿意用英语开口交流的重要原因。因为学生学习的不是如何在交际中使用英语，而是为了证明他们对语言形式的理解和掌握，因此即使有多年学习英语的经验，他们也不擅长用英语与他人进行沟通和交流。也就是说，学生学到的不是语言的真正运用，而是语言形式的用法。

在交际教学法中，教师不再强调语法和句型的完全准确，不再要求学生说出的每一句话都是符合语法规则的，而是会高度容忍学生所犯的语言错误。因为教师明确地知晓，任何语言的学习都是在不断犯错与改进的过程中进行的，如果学生能比较完整、顺畅地让自己的表达被他人理解，教师就可以等他们表达完以后，再引导他们发现错误并纠正错误，而不是听到一个错误就打断学生，那样不仅会打断学生表达的思路，还会打击学生的自信心。当然，重视意义的传递不是完全不顾语言的形式——语言的形式作为语言的重要组成部分也是学生应该学习和掌握的，只是需要强调：要想把语言运用到实际的交际情境中，学生必须重视语言意义的传递，必须根据不同的场合灵活使用语言。只有这样，学生才能做语言的主宰者，让语言为自己服务。

3.以任务为指向

在使用交际教学法设计教学活动的过程中，教师需要为学生提供一定的交际话题或分配一些交际任务，这样学生就能有目的地参与真实的交际练习活动中。事实上，完成任务和开展交际二者不仅不互相冲突，还能相互影响、相互促进。带着任务去交际相当于把语言的学习和练习与其他学科的学习结合在一起，把语言当作一个工具或媒介来学习其他学科的知识。这样一来，学生会更真切地感受到语言的生命力，学生与学生之间会有更多、更真实的交流。

4.真实性原则

真实性原则是指学生要在接近真实的交际环境中学习和使用语言，这样才有助于提升学生的交际能力。交际教学法的真实性原则突出体现在以下两方面：

（1）教学内容的真实性。要培养学生的语言运用能力和交际能力，首先应在教学内容的设计上选择一些贴近生活的语言材料。像一些文章类、诗歌类的体裁，在实际生活中很少用到，因而这类内容的材料可以少一些。而以完成任务、解决问题或者完成专题为目的的语言活动会涉及大量现实生活中可能遇到的语言交际材料，因而教师应多举办此类活动来有针对性地帮助学生锻炼语言交际能力，掌握语言正确的使用方法。

（2）交际环境的真实性。在英语教学活动中，如何创造语言交际的真实环境，以帮助学习者在交际活动中掌握语言使用的正确方法是体现交际原则的重要方面。在英语教学活动中，教师和学生应共同创造真实的氛围，而不是为了某个句型进行固定的操练，这样才能促使学生在练习中说出最真实的语言。除此之外，交际教学法不仅要求学生使用真实的语言进行交际，还要求他们说出的话充满创造性和灵活性，即不能为了显示对语言的掌握而使用语言，要注意语言表达的多样性。与此同时，教师要鼓励学生积极融入自身扮演的情境角色中，以激发其对未来的想象和期待。

（三）教学应用

1.设计交际行为

使用交际教学法开展课堂教学应设计突出语言功能特点的交际活动。设计此类交际活动的目的是鼓励学生尽可能地利用已经掌握的目的语实现有效的交际，如交换信息、解决问题、传递情感。能突出语言功能特点的交际活动主要有以下三类：

（1）描述活动。描述活动是指教师让学生对具体的事物或者事件展开描述的教学活动。组织描述活动的目的在于促进学生以段落的形式运用目的语。例如，教师可以安排学生描述自己的家乡、自己的校园生活、自己身边的人、自己的兴趣爱好等。描述活动的优点之一在于，它有利于锻炼学生的逻辑思维能力和语言组织能力，可以帮助学生更好地参与交际活动中，更好地表达自己的想法。

（2）猜词活动。学生参与语言交际活动的前提是学生本身已经掌握一定数量的句子和表达，此时教师可以组织猜词活动来锻炼学生英语表达的能力。猜词活动的具体操作方法如下：

首先，教师从全班同学中选出两位同学，并让其中一位同学面向全班，另一位同学面向黑板；然后请面向黑板的同学在黑板上写下一个刚学过的单词；接下来，全班同学举手示意，分别描述这个写下的单词，并请那位面向全班的同学猜这个单词是什么。在这个过程中，学生的口语得到了有效锻炼。

（3）对话活动。一个人的交际能力在很大程度上表现为一个人进行简短对话和与他人互通情感的能力，这种能力具体又可表现为对各种话题发表评论和感受的能力。例如，学生是否能针对天气、交通状况、体育赛事、日常生活等话题与他人展开无障碍的简单对话。这些简单的对话看上去意义不大，却能帮助学生创造良好的社交氛围。

2.评价交际能力

在英语教学活动中，以下三方面的评价是相互联系、缺一不可的。只有全面掌握这三方面，才能有效地增强学生的文化得体意识，帮助学生更好地参与文化交际活动。

（1）对目的语得体性的评价。首先，学生对交际话题的选择决定了学生是否对目的语文化背景知识掌握较好。例如，在中国汉语文化中，一个人的婚姻状况、年龄等话题一般是可以讨论的，这体现了人们之间的关心和热情。但在英语文化中，这些话题因为涉及个人隐私而被禁止讨论。例如，当一个中国人问一个外国人"How old are you?"时，这个语言表达就会被认为违反了英语文化中的言语行为准则，使用了不得体的语言。

（2）对目的语文化背景知识的评价。教师在培养学生交际能力的过程中，要对目的语文化背景知识进行介绍和讲授，这有助于学生掌握语言运用的得体性。因为从根本上讲，一种语言表达方式是否得体是由该语言背后的社会文化习俗决定的。

教师在考查和评价学生对目的语文化背景知识的掌握情况时，可以给学生呈现一个产生文化误解的场景，这些文化误解很有可能导致交际障碍甚至交际冲突，因而教师可以让学生加以判断并进行纠正。这样一来，教师就可以了解和判断学生对该语言文化规则的掌握程度，并提供启发性的知识，引导学生了解和掌握目的语文化语境的交际规则和交际技巧。教师还可以引导学生对比目的语文化和母语文化的异同，进而加深学生对两种语言文化的印象，帮助学生掌握跨文化交际的技巧。

（3）对约定俗成语言掌握的评价。每种语言都包含大量约定俗成的语言形式和用法，因此即使学生说出的语言符合语法规范，但如果不符合约定俗成的用法，那么在交际过程中也会遇到信息传递的困难。例如，在问候语方面，英语常用"How are you?"，而不用"Are you well?"又如，在英美的文化礼仪中，有一些表示特定含义的俗语，如在邀请客人先于自己进入房间时要说"After you!"。

四、任务型教学法

(一) 主要内涵

任务型教学法是对交际教学法的发展,是一种以"任务"为核心、注重"在做中学"的语言教学方法。其主要内涵可以从以下几个方面进行深入理解和论述:

1.任务型教学法的核心理念是"在做中学"。它提倡将语言学习与具体任务融为一体,使学习从单一的课堂知识传递转变为实际语言运用的过程。这种方式强调的是培养学生在真实交际环境中运用语言的能力,而非纯粹的语法和词汇知识的传授。例如,在课堂上,教师可以设计一个让学生模拟在餐厅点餐的任务,学生在完成这项任务的过程中,既能学习相关的词汇和语法知识,也能体验实际的语言交际过程。这种教学法鼓励学生积极参与,体验并运用语言,让语言学习不再是抽象的知识积累,而是生动的、实用的、具有情境感的交际活动。

2.任务型教学法将任务设定为教学的核心单位,每一个教学活动都围绕特定的任务进行,以任务的完成为最终目标。教师在设计任务时,需要将任务具体化、操作化,让学生能够通过各种语言活动形式(如表达、沟通、交涉、解释、询问等)来完成任务。例如,教师可以设计一个让学生组织一场关于环保的辩论赛的任务,学生在完成任务的过程中,既需要学习和使用与环保相关的词汇和语句,也需要运用辩论技巧进行有效的沟通和交涉。这种方式让学生在实践中学习语言,使他们更好地理解和掌握语言。

3.任务型教学法追求的是培养语言的综合运用能力,包括准确性、流利性和复杂度。首先,准确性是任务型教学法强调的重要目标。任务型教学法认为,如果学生长期使用不规范的语言,会形成错误的语言习惯,因此学生需要学会规范地使用语言,按照语法规则进行表达。其次,流利性是任务型教学法注重的目标。任务型教学法指出,在实际的语言交际情境中,流利的表达能提高交际效率，也更容易获得较好的交际效果。任务型教学法鼓励学生通过掌握大量的固定表达来提高语言表达的流畅度。最后，复杂度的提升是任务型教学法追求的长期目标。任务型教学法认为，学生需要在复杂的交际场景中，学会使用更精细、更完整的语言系统，有效地表达复杂的意思。

4.任务型教学法是一个整体的教学系统，每一个任务都是教学系统中的一个有机组成部分，每一个任务都是为特定的交际和语言项目而设计的。任务并非孤立存在，它们之间有逻辑关联，相互配合，共同推动学生语言能力的提升。例如，教师可以先设计一个关于介绍家庭的任务，让学生熟悉相关的词汇和句型，然后设计一个关于描述家庭成员职业的任务，让学生更深入地掌握这个主题的语言内容。通过这种有机的任务设计，学生在完成任务的过程中，能够综合运用自己已学习的语言知识来提高语言应用能力。

（二）教学原则

1.真实性原则

任务型教学法的核心原则就是将学习过程与实践生活相结合，也就是真实性原则。真实性原则体现在以下两个主要方面：

（1）教学任务的设计应提供真实的语境，使学生在接近真实的环境中学习语言。例如，教师可以设置一个模拟面试的任务。学生被分配到不同的角色，如面试者和被面试者，并且需要准备与面试相关的问题和答案。这个任务不仅可以让学生练习真实的工作面试中可能遇到的语言，而且可以帮助他们了解面试的流程和技巧。在这个过程中，学生不仅能学习词汇和语法，而且可以学习与面试相关的实际交际技能。

（2）真实性原则强调教材应与学生的实际生活紧密相连。教师等人员在选择或编写教材时，应充分考虑学生的生活经验和社区环境。例如，学生群体是居住在海滨城市的青少年，那么关于海洋、海滩和海洋生物的话题就是合适的教学内容。这种教材选择不仅能增加学生的学习动机，而且有助于学生将学校中的知识与生活经验联系起来。

2.互动性原则

任务型教学法的另一个重要原则是互动性原则。这一原则认为，互动是交际的核心，语言学习的最终目的是使学生能够使用语言进行有效的交际。也就是说，学生在参与活动和完成任务的过程中，应通过互动来掌握语言。

（1）互动性原则强调了学生在语言学习中的主动性和参与性。在任务型教学法中，教师不再是知识的传递者，而是学生学习的引导者和协调者。学生则需要主动参与完成任务，通过与其他学生的互动来理解和掌握语言。例如，在英语课上，教师可以设计一个团队项目，让学生一起制作一个英语广播节目。在这一过程中，学生需要共同商讨节目内容，分配任务，并一起完成节目的录制。这样的任务不仅让学生有机会使用英语进行真实的交际，而且让他们有机会学习如何在团队中协作和交流。

（2）互动性原则强调了语言学习的自动性。在互动过程中，学生可以从对单个语言项目的关注转变为对整体语言使用的关注。例如，在完成一个英语模拟商业谈判的任务时，学生可能在开始时专注使用正确的词汇和语法。但随着任务的进行，他们的关注点可能转移到如何使用语言有效地表达意思和说服对方。这样的转变可以帮助学生从对语言形式的控制转向对语言的自动使用，使他们更好地在真实的交际中使用英语。

（3）互动性原则强调学生在真实交际中的语言使用技巧。在互动过程中，学生可以学习如何在不同情境下使用不同的语言表达方式、如何适时地停顿和转换话题以及如何礼貌地打断别人的谈话。例如，教师可以设计一个用英语进行角色扮演的任务，让学生模拟一个困难的客户服务情境。在这个过程中，学生需要学习如何使用适当的语言来处理客户的抱怨、如何保持冷静以及如何礼貌地结束对话。这样的任务不仅可以提高学生的英语水平，还可以帮助他们提升在真实生活中的交际能力。

3.过程性原则

任务型教学法的过程性原则是一种重要的教学原则，它强调教学不仅要关注学生学习的结果，更要关注学生学习的过程。这一原则认为，语言学习和交际能力的提升是一个持续的过程,需要学生在实践中逐步积累经验和知识。

(1)过程性原则强调学习过程中的认知参与和情感体验。在任务型教学法中,学生被鼓励积极参与学习过程,探索并归纳知识,而教师则是提供指导和帮助。例如,在英语阅读课上,教师可以让学生读一篇关于环保的文章,然后讨论文章中的观点和信息。在这个过程中,学生需要自己去理解和解析文章的内容。同时,教师会引导学生思考并表达自己的观点,这样不仅可以提高学生的阅读和口语能力,还能引发他们对环保主题的思考。

(2)过程性原则强调了学生在学习过程中的自我探索和规则发现。在完成任务的过程中,学生应自己去探索和发现语言规则,并在实际使用中不断修正和完善。例如,在英语写作课上,教师可以让学生写一篇关于他们最喜欢的电影的文章,然后互相交换并评价彼此的文章。在这个过程中,学生可以在他人的反馈中发现自己的错误,也可以在他人的文章中找到新的写作灵感和表达方式。这样的过程可以让学生更好地理解和掌握英语写作的技巧和规则。

4.形式与意义相结合原则

任务型教学法的形式与意义相结合原则是其重要组成部分。该原则突破了更侧重语法或交际功能的教学理念,强调在学习过程中语言形式与意义二者的紧密关系和互动。

一方面,任务型教学法强调语言形式的重要性。语言形式,即语法规则、词汇运用、句子结构等,构成了语言的基础框架。如果忽视了这些形式因素,学生只能使用零散的词汇和表达方式进行交际,而无法有效地使用整体的语言系统。例如,虽然学生能够在日常对话中使用简单的词汇和短语,但无法理解和使用复杂的语法结构,无法进行深入的交际。

另一方面,任务型教学法强调语言意义的重要性。语言的意义主要是指语言在特定的社会和文化环境中所表达的内容和意图。如果学生只学习语言的形式,而忽视了语言的意义,那么他们可能无法准确地理解和使用语言。例如,虽然学生能够准确地使用语法规则,但无法理解具体语境中语言的含义,无法进行有效的交际。

因此，任务型教学法提出形式与意义相结合原则，强调学生在掌握语言形式的同时，要理解语言的意义，即语言的形式与语言的意义是相辅相成的，而非相互孤立的。教师在设计教学任务时，不仅需要考虑任务能否让学生接触和练习语言的形式，而且需要考虑任务能否让学生理解和体验语言的意义。例如，教师可以设计一些情境对话的任务，让学生在模拟真实的语境中，既能练习语法和词汇，又能理解语言的实际意义和用法。

5.互帮互助原则

任务型教学法的互帮互助原则是核心的教学原则之一。它强调在教学过程中，教师与学生之间、学生与学生之间应该形成一种合作与支持的关系。

（1）互帮互助原则强调教师在教学过程中的角色转变。在传统的教学模式中，教师通常被视为知识的权威和传授者，而学生则是被动的接受者。然而，在任务型教学法中，教师更像是学生的伙伴和引导者，在学习过程中为学生提供帮助和支持，引导学生自主学习，激发他们的学习兴趣和主动性。例如，教师可以在课堂上设计一些任务，然后引导学生通过小组合作完成任务，在这里，教师的角色就变成了问题提出者和学习引导者。

（2）互帮互助原则强调学生之间的相互协作和支持。例如，在英语口语讨论课上，教师可以让学生分组讨论一个主题。在这个过程中，学生需要与组员分享他们的观点和见解，听取并尊重他人的想法，从而实现互相学习、共同提高。

（3）互帮互助原则涉及引导学生利用个人经验促进学习这一学习方式。学生在学习新知识的过程中，不是简单地接受和记忆，而是在其已有的知识结构和经验背景的基础上，通过新旧经验的交互，建构起对知识的理解。这种以个人经验为基础的学习方式可以使学生的学习更加深入，也更容易使知识被理解和记住。例如，学生在学习英语词汇的过程中，可以根据自己的生活经验和记忆方法，创造一些记忆词汇的小方法，以此帮助自己更好地理解和记忆词汇。

（三）设计应用

1.任务前阶段

任务型教学法在应用过程中的"任务前阶段"是至关重要的，这个阶段包含两个小阶段：任务的准备和任务的呈现。

（1）任务的准备。任务的准备主要包括学生需要获取、处理或表达的信息内容以及学生为完成这些任务所需的语言知识、技能。首先，学生需要理解任务的目标，包括要完成的信息内容，这需要教师的明确指导和解释。其次，学生需要准备相关的语言知识和技能，如词汇、语法、语用等。这一阶段的主要目标是使学生对即将完成的任务有所了解，同时获得完成任务所需的必要能力。在此阶段，教师需特别关注两个问题：语言输入的真实性和任务的难度。语言输入的真实性意味着教学材料需要尽可能地接近真实的口头语言和书面语言。这意味着教师应尽可能地使用真实的语言环境，如新闻报道、电影剧本、真实的对话等。

任务的难度在任务型教学法中占有重要地位，对学生的学习动机、参与程度以及学习效果会产生直接影响。任务的难度主要由以下三个方面的因素决定：学习的内容、活动的类型和学生自身的因素。

学习的内容是决定任务难度的首要因素。学习内容的复杂性和深度对任务的难度起决定性作用。例如，一个任务需要学生理解并使用高级语法结构或专业词汇，那么这个任务的难度就相对较高；反之，如果学习的内容主要是基础词汇和简单的语法结构，那么任务的难度就相对较低。因此，教师在设计任务时，必须根据学生的语言水平和已掌握的知识来确定学习内容，使任务难度适中。

不同类型的活动也会对任务的难度产生影响。例如，单一的填空题或选择题类型的任务，其难度相对较低，因为它们主要侧重对特定知识点的检测。如果是辩论或项目研究等类型的任务，由于它们需要学生进行深入的研究、分析和合作，所以难度相对较高。教师在选择活动类型时，需要考虑学生的学习风格、兴趣和能力，以确保他们能够成功地参与并完成任务。

除此之外，学生的自身因素如学生的语言能力、学习风格、学习动机以及对特定话题的知识和理解都会影响任务的难度。例如，学生的语言能力较强，他可能觉得任务相对简单；相反，学生的语言能力较弱，他可能感到任务非常困难。此外，学生的学习风格也会影响其对任务难度的感知。一些学生可能善于处理抽象的概念和理论，而另一些学生可能更善于处理具体的、实际的任务。教师需要了解学生的个人差异，并在设计任务时考虑这些差异，以确保任务的难度适合每一个学生。

（2）任务的呈现。任务的呈现是指教师在教授新的语言知识之前向学生展示需要学生利用新的语言知识来完成的任务，也就是介绍任务。此时，教师应当结合学生的生活或学习经验创设有主题的情境，以此激发学生的好奇心和学习动机。在这一阶段，教师要做的是为学生提供与话题有关的环境以及思维方向，并在所要学习的新知识与学生已有的旧知识结构之间建立某种联系，调动学生的求知欲。使学生有想说的强烈欲望，满怀期待地开始新知识的学习。

2.任务中阶段

任务中阶段，也称为任务实施阶段，是任务型教学法中关键的一环。在此阶段，学生开始实践和运用他们在任务准备阶段学习的知识和技能。在此阶段，教师需要注意任务的开展形式。任务的开展形式是任务中阶段的重要组成部分，包括结对子、小组合作或由教师设计任务链等。例如，教师可以设计一个项目，该项目由一系列相关的小任务组成，每个小任务都需要学生运用他们在任务准备阶段学习的特定知识或技能。在这个过程中，教师可以提供不同层次的支持，以帮助学生完成任务。如果学生遇到困难，教师可以提供具体反馈，帮助他们理解和解决问题。同时，教师应鼓励学生进行自我反思，以加深他们对问题的理解。

小组活动是任务中阶段的常见方式。一个很好的实践例子是角色扮演活动。例如，教师可以组织一个模拟联合国会议的活动，参加会议的学生被分配到不同"国家"，并被分配到特定角色，如代表、谈判者和决策者。在这个环境中，学生需要研究他们的角色和立场，准备和发表演讲，并与其他国家的代表进行协商和讨论。在这个活动中，每个学生都有明确的角色和任务。他们需要研究这些角色，以理解每个角色的立场和观点。他们可能需要查阅相关的文章和报告，甚至可能需要准备一份简短的演讲。通过这个过程，他们不仅可以学习新的知识，还能锻炼自身的研究、公共演讲能力。

3.任务后阶段

任务后阶段是任务型教学法的一个重要部分，包括任务的汇报和评估两个主要步骤。这个阶段的目标是提供反馈，促进学生的自我反思，并让他们有机会改进和提高。

（1）任务的汇报。在任务完成后，学生有机会选派代表向全班展示他们的工作成果。代表的选择既可以由教师决定，也可以由小组成员投票选出，这两种选择方式各有独特的优势。教师应该在整个报告过程中为学生提供必要的指导和帮助，以确保学生能够准确、自然地表达他们的想法和任务完成情况。任务的汇报提供了一个平台，让学生能够分享他们完成任务的过程和成果。例如，在一个新闻报告的任务中，每个小组需要做一份关于特定话题的报告。在任务结束后，每个小组都有机会在全班面前分享他们的报告。这不仅是一个检验他们理解和掌握新知识的机会，也是一个提高他们公共演讲技巧的机会。此外，通过听取其他小组的报告，学生还可以从他人的工作中获得启示。

（2）任务的评估。在这个步骤中，教师和学生共同评估每个小组的表现和成果。教师可以指出每个小组的优点和不足，并提出改进建议。例如，教师可能指出某个小组的报告结构清晰，但在信息的准确性上有待改进。此外，最佳小组的评选不仅可以提高学生的积极性和参与度，还可以成为一种激励方式，让学生体会成功的喜悦。同时，评估过程可以培养学生的批判性思维和自我评价的技巧。

五、项目式教学法

（一）概念与内涵

1.项目式教学法的概念

项目式教学是一种以学生为中心的教学方法，通过设置真实的语言场景，以项目为媒介，将知识学习、技能习得和素质培养融为一体。这种教学方式是一种系统的教学模式，能够帮助学生在实践中获得知识和技能，同时培养学生的综合素质和批判性思维。

在项目式教学法中，教师会设置一系列项目，且每个项目都是围绕特定的主题或问题来设计的。学生需要运用他们的知识和技能，通过合作来完成这些项目。在这个过程中，学生不仅可以在实际操作中获取知识和技能，还可以学习如何收集和处理信息、如何进行批判性思维、如何解决问题，以及如何进行团队合作。这种教学方法可以提高学生的学习积极性，使他们更加积极地参与到学习中来，更有动力去探索和解决问题。

项目式教学法的核心理念是通过项目活动，让学生充分发挥自主性，将所学的知识和技能应用到实际生活中去。这种教学方法将学生的学习与真实世界的问题紧密地联系在一起，使学生在解决问题的过程中，既能运用所学的知识和技能，又能提高问题解决能力。这种教学方式不仅能够提高学生的学习效率，而且能够使他们在实践中更好地理解和掌握知识。

2.项目式教学法的理论指导

项目式教学法源自多种教育理论，其中包括建构主义学习理论、发现学习理论和多元智能理论。这些理论的应用和融合使项目式教学法在实践中更能体现出其教育价值。

（1）建构主义学习理论为项目式教学法提供了理论支持。这个理论强调知识是由学生在实际情境中主动建构的，而不是被动地接受教师的传授。在项目式教学中，学生在完成项目任务的过程中，不断与已有的知识和新的经验进行互动，从而构建和发展自己的知识体系。在这个过程中，教师的角色转化为引导者、组织者和评价者，而非传统的知识传授者，即教师的教学更加重视学生的主体性和自主性。

（2）发现学习理论为项目式教学法的实施提供了指导。这个理论认为，学习过程是一个学生自我发现和领悟的过程，强调学生通过对问题的探究和研究，去发现和理解知识。项目式教学法恰好符合这个理论，它要求学生从实际问题出发，通过自我探究和实践，发现问题的本质和解决问题的方法，从而达到理解和掌握知识的目的。

（3）多元智能理论是项目式教学法的另一个重要理论基础。这个理论认为，每个人都具有不同的智能强项，教学过程应该尊重并发展每个学生的多元智能。在项目式教学中，学生可以根据自己的智能优势选择和设计学习任务，通过实际操作解决问题，从而发挥和提升自己的多元智能。同时，教师可以通过合理的教学策略帮助学生发展各种智能，提高他们的综合素质。

3.项目式教学法的主要特点

（1）以学生的兴趣为中心，选取与实际生活紧密相连的项目主题。这种方法既能够体现教育的实际性，也能够充分调动学生学习的积极性。学生的学习兴趣被激发后，将更愿意主动参与学习过程，自主寻找和解决问题。同时，将学习内容与实际生活相结合，能够帮助学生理解和掌握知识的实际意义和应用价值，培养他们运用所学知识解决实际问题的能力。

（2）要求学生进行团队合作，同时注重保持学生的独立性和自主性。在团队合作中，学生可以学习和运用协作技能，通过团队成员之间的互动和协商，共同完成项目任务，培养团队合作精神和协作能力。而在保持独立性和自主性的过程中，学生可以根据自己的学习需求和兴趣，选择和设计自己的学习任务，培养自我学习和自我管理能力。

（3）注重语言的形式和其他方面的能力。在项目式教学中，语言不仅是学习的工具，更是学习的目标。在项目学习过程中，学生需要通过语言来获取信息、交流想法、表达观点和汇报结果，这样就能在实际应用中提高自身的语言能力。同时，项目式教学法也强调学生其他能力的培养，如信息处理能力、思维能力、创新能力和评价能力等。

（4）以过程和结果为导向，兼顾综合能力的培养和项目完成后的反馈。项目式教学法强调学习的过程和结果同等重要，既关注学生是否完成了项目任务，也关注学生在完成任务过程中的学习体验和能力提升。同时，教师会根据项目的完成情况和学生的学习表现，对学生给予及时的反馈和评价，帮助他们了解自己的优点和不足，反思和改进学习方法，提高学习效果。

（二）重要意义

1.项目式教学法是新课程改革的必然趋势。新一轮课程改革强调"自主、合作、探究"的学习理念，并提出英语教学的目标是培养学生的英语综合运用能力，包括知识、技能、学习策略、文化意识等。这一转变需要教师打破传统的教学模式，而转向更注重学生的参与和体验，鼓励学生选择并利用最优化的学习资源，从而在实践中获得深入的理解和综合的知识。具体来说，项目式教学法为学生提供了一个真实和动态的学习环境。在这个环境中，学生不再是被动的知识接受者，而是转变为主动的知识寻求者和创造者。他们可以在处理实际问题的过程中，亲身体验和感受知识的运用，从而更好地理解和掌握知识。这种真实的学习环境不仅能够提高学生的学习兴趣，而且使他们更能理解知识的实际应用和价值。

与此同时，项目式教学法提供的学习内容是开放的、综合的，这意味着学生需要处理的问题不再是单一领域的问题，而是涉及多个领域的复杂问题。这样的学习内容需要学生有广阔的知识面和多元化的思维方式。在解决这些问题的过程中，学生需要集成并运用多种知识，这样能够快速地提升他们的综合素质和分析问题的能力。在项目式教学中，学生的学习方式也是多样化的，他们既可以单独学习，也可以与他人合作学习。在合作学习中，学生可以交流思想，分享资源，相互学习，这不仅能够提高他们的学习效率，而且能够培养他们的合作能力和团队协作精神。此外，项目式教学法利用数字化和网络化的手段，使学生可以随时随地进行学习，拓宽了学生的学习渠道，使学习变得更加灵活和自由。

2.项目式教学法满足了培养创新思维的需求。在传统的教学模式中，学生获取知识的途径有限，简单的评价机制也可能抑制他们的创造性。而在项目式教学法的实施过程中，教师的角色变成了引导者和顾问，而不再是简单的知识传输者。学生既可以自主学习，也可以与同伴一起学习，甚至可以通过网络学习。在完成项目的过程中，每个学生都有机会展示自己的独特思维和解决问题的方式。这样的尊重和赞扬能够给予学生很大的成就感和荣誉感。这种成就感和荣誉感，以及对个性化成果的认可，不仅能激发学生的学习兴趣，而且能够鼓励他们持续、积极地学习。这样的过程正是培养学生创新思维和提高学生创新能力的重要途径。

（三）设计与实施

1.设计原则

（1）可行性原则。在设计英语项目时，可行性原则至关重要。这要求在设定的时间内，学生能通过自主学习和团队协作完成项目。因此，教师在选择项目的主题和内容时，应当充分考虑学生目前的英语水平、认知能力和兴趣。例如，项目要求学生编写一部英文短篇小说，那么教师需要确保学生具备足够的词汇量和语法知识来创作。另外，教师可以尝试引入学生的个人兴趣，如果学生对科幻题材感兴趣，那么项目可以设定为创作英文科幻短篇小说，这样能够更有效地提升学生学习的积极性。

（2）启发性原则。在设计英语项目时，启发性原则强调项目应激发学生的兴趣和求知欲，同时含有一些需要探索和思考的问题。例如，教师可以设计一个"环游世界"的项目，要求学生进行研究并演讲介绍所选择的英语国家的文化、风俗、历史等知识。这个项目不仅能吸引学生去了解和学习不同的文化，而且能引导他们去思考如何有效地进行信息搜索、如何使用英语将他们的发现清晰地呈现给他人。

（3）整合性原则。整合性原则强调项目以主题为主线，将多种英语学习内容融合在一起，实现知识的整合。在进行项目式教学时，学生不仅要理解和掌握语言知识，还要把知识运用到实践中去。例如，在一个有关环保主题的英语项目中，学生可能需要阅读相关英文材料来了解环保问题，然后进行小组讨论，共同用英语写一篇论文或制作一段视频。在这个过程中，阅读、写作、讨论和口语表达等多种语言技能得以实际运用和整合，这样的学习方式有利于学生的全面发展。

2.实施过程

（1）根据话题和教学目标设计项目。在实施一个项目之前，首先要根据话题以及已设定的教学目标来构建项目的各个环节。这个过程需要教师具备创新思维，并且对课程目标、学生需求以及话题本身有深入理解。

首先，项目的设计需要反映教学目标。教学目标不仅是知识或技能的学习，也包括情感态度和价值观的培养。例如，教学目标是提高学生的英语口语能力以及跨文化交际能力，那么项目可以设计为"在英语环境下进行文化交流"。

其次，在设计项目时，教师要考虑话题因素对项目的影响。项目中设计的话题应能激发学生的学习兴趣并与他们的生活实际相连。例如，教师可以选择"环保"这个话题，让学生探讨如何用英语表达他们对环保的观点和建议。这个话题不仅与学生的生活紧密相关，而且能引发他们的思考。

最后，教师要根据教学目标和话题来设计项目的各个环节。例如，在以"环保"为话题的教学项目中，教师可以要求学生研究相关的环保问题，并组织学生通过小组讨论形成共同的观点，然后制作一份英语演讲稿，并进行口头表述。这样的教学方式既能提高学生的英语口语技能，又能提升学生的合作能力和跨文化交际能力。

（2）分工与协作。成功的项目需要有效的团队协作。学生可以根据自己的兴趣和特长自由组成学习小组，每个小组3~5人。在小组中，小组成员可以根据个人的特长和兴趣爱好来选择角色，如项目主导者、资料收集员、表达者等。精细明确的分工有助于提高团队协作的效率。

在确定项目主题后,学生需要共同讨论并制订实施项目的计划,包括确定研究的问题、策划实施步骤、预计完成项目所需的时间、预测可能遇到的问题等。在这个过程中,学生需要积极收集信息,信息来源可以是互联网、图书、电视新闻甚至专家采访。所有的信息资料都要进行整理并有效管理,以方便团队成员共享。此外,学生还需确定问题解决的策略,并选择合适的形式呈现项目成果,可以是文档、多媒体、动画、网页或程序设计等。

(3)展示与评价。项目的最终步骤是展示和评价。项目的成果可以通过多种形式展现出来,如发布到网站上,或者在班级、学校进行展示。同时,教师应鼓励学生之间对学习成果进行交流和反思,这是对学习过程的再思考。项目式教学评价应运用多主体评价方式,包括教师评价、同伴评价、自我评价及社会反馈。评价过程应该是开放的,给予学生参与评价的机会,这样能激发他们的自主性和批判性思维。同时,评价的结果应当能起到对学习的促进作用,帮助学生认识自己的优点和不足,引导他们进行持续的学习和改进。

第二节 产出导向法在大学英语教学中的应用

一、产出导向法的提出和发展

产出导向法是我国外语教学与研究专家文秋芳教授提出的一种应用语言学理论,旨在改革中国大学英语课堂教学。经过多年的研究和实践,这一理论逐渐趋于成熟和完善,得到了广泛的关注和尝试。产出导向法的核心思想在于强调学生的口笔译技能的培养,以提高其实际运用英语进行交流的能力。相较于传统的英语教学方法,产出导向法更加注重实际应用能力和综合能力的培养。

产出导向法的提出和发展历程可以分为两个阶段。最初阶段是"输出驱动假设",该阶段主要关注输出在学习过程中的作用,强调通过输出来促进输入。随后发展为"输出驱动—输入促成假设",在此阶段,产出导向法更加关注以输出为驱动力,以教师为中介来促进输入。这一发展过程充分融合了中国传统教育思想、课程论和二语习得理论的相关内容,形成了一个独特的理论体系。

产出导向法强调学生在课堂教学中的主体地位,认为教学过程既不应完全以教师为中心,也不应完全以学生为中心,而应关注学生的学习过程。激发学生产出性运用的积极性能够促进输入性学习,从而提高学习的有效性。这一过程形成了一个良性循环,使学生在实际应用中不断巩固和内化所学知识。

在产出导向法中,教学设计注重满足学生的实际需求,以提高他们的学习兴趣和动力。为实现这一目标,教师需要设计与现实生活和职业需求相关的任务,以便学生在完成任务的过程中体验学习的价值。在教学过程中,教师扮演着指导者和引导者的角色,及时为学生提供反馈和建议,帮助他们在交流与讨论中提高语言应用能力。

二、产出导向法的理论体系

(一)教学理念

产出导向法的教学理念深入地融合了学习中心原则、学用一体原则和全人教育原则。这种教学理念注重学生群体有效学习的共同需求,强调输入与产出的紧密结合,以及致力于培养学生全面的人文素养。

1.学习中心原则

学习中心原则是产出导向法的基石。这一原则认为,教师在教学过程中发挥着至关重要的作用。教师不仅是学生的促学者、咨询者和帮助者,还担任教学过程的设计者、组织者和引领者角色。为了满足学生群体有效学习的共同需求,教师应根据教学任务、教学目标和学习需要,采取多种有效的教学形式,并在其中扮演不同角色。通过这种方式，产出导向法能够确保学生的需求得到充分关注，从而提高教学质量。

2.学用一体原则

学用一体原则是产出导向法的核心。这一原则强调听、读等输入性学习与说、写、译等产出性活动的紧密结合，使学生在学习过程中能够边学边用，实现知识的有效吸收和运用。与传统教学方法相比，产出导向法更加关注学生语言综合运用能力的培养，有效地避免了教学过程中仅关注输入而忽视产出的问题。通过实践学用一体原则，产出导向法有助于培养和提升学生扎实的语言技能和英语实际应用能力。

3.全人教育原则

全人教育原则是产出导向法的价值取向，这一原则旨在关注学生全方位的成长与发展。它主张不仅要关注学生在学术上的提高，还要关注他们在道德品质、审美情趣、创造力、批判性思维和跨文化交际能力等多方面品质和能力的培养。例如，全人教育原则强调培养学生的人文精神，即在教学过程中注重对学生的世界观、价值观、道德观的引导和塑造。产出导向法在实施全人教育原则时，会将这些人文精神渗透到教学活动的设计和组织过程中，引导学生在学习过程中形成积极向上的世界观、人生观和价值观。

（二）教学假设

产出导向法的教学假设主要包括产出驱动、输入促成、选择性学习和以评促学四个方面的内容。

1.产出驱动

产出驱动是产出导向法的核心理念。通过将产出任务作为教学的逻辑起点，学生在完成任务的过程中，会不断地发现自己在语言应用方面的不足。这种自我发现不仅能够激发学生的学习动力，而且能够增强他们在课堂中积极主动参与的意愿。在这一过程中，教师需引导学生将注意力集中在自身语言运用能力的提升上，从而形成良好的学习氛围。

2. 输入促成

输入促成是产出导向法教学的重要组成部分，其核心在于引导学生获得丰富、多样、有针对性的语言输入。这一过程要求教师深入挖掘教材资源，将其与学生的实际需求相结合，提供符合学生认知水平和兴趣的语言输入。此外，教师需要关注学生的个体差异，以培养他们的认知能力和批判性思维。通过这样的输入过程，学生能够在实际语言运用中搭建自身的知识体系，从而为完成产出任务打下坚实基础。

3. 选择性学习

在选择性学习方面，产出导向法强调教师针对学生的需求和任务目标，对输入材料进行筛选、整合和优化。这一过程需要教师对教学内容和方法进行审慎把握，避免在有限的课堂时间内过多涉及无关紧要的知识点。因此，教师应关注课程目标，确保所选输入材料与学生的产出任务高度契合，使学生能够在有限的时间内有效地吸收和应用所学知识。同时，选择性学习要求教师合理地调整教学内容和策略，确保每个学生都能在学习过程中获得充分的关注和支持。通过实施选择性学习，教师能够提高课堂教学效果，使学生在完成产出任务的过程中更加自信和从容。

4. 以评促学

以评促学是产出导向法的又一重要教学策略。在这一策略下，教师需要打破传统的学与评的界限，将评价融入教学的全过程。具体来说，教师需要采用师生合作评价的方式，将教师评价、学生自评和同伴互评等多种评价手段融为一体，使评价过程成为进一步强化和巩固学习成果的过程。这样一来，评价不仅能够全面地反映学生的学习状况，还能激励他们在学习过程中不断追求卓越，提高产出质量。

（三）教学流程

产出导向法的教学流程分为三个阶段，即驱动阶段、促成阶段和评价阶段。

1. 驱动阶段

在驱动阶段，产出导向法着重验证输出驱动假设。这一阶段可以分为以下三个关键环节：

首先，在开始新的教学任务之前，教师应确保学生对即将在学习过程中遇到的交流场景和话题有充分的了解。这有助于激发学生的学习兴趣，使他们更加投入地参与学习。

其次，教师鼓励学生尝试完成实际的输出任务，如进行一次对话或撰写一篇短文。在尝试完成任务的过程中，学生将意识到自己的知识和技能差距，从而激发他们的学习动力，让他们更有目标感和有针对性地进行学习。

最后，教师精心选择输入材料，以满足单元教学目标的要求。教师应根据产出任务的需要，引导学生学习相关的单词、短语和语法知识。这将有助于学生更好地完成产出任务，提高学习效果。

通过上述三个环节，驱动阶段有助于在学生中建立起一种内在的需求，使他们更愿意主动去学习和提高自己的语言能力。

2. 促成阶段

促成阶段的重点在于验证输入促成假设，这个阶段包括以下三个关键环节：

首先，教师需要将产出任务拆分为多个子任务，并为每个子任务提供有针对性的输入材料，这样做有助于降低产出任务的难度，使学生能够逐步掌握相关知识和技能。同时，通过分阶段提供输入材料，学生可以更加聚焦某一特定领域，从而提高学习效率。

其次，教师应尊重学生的认知能力和学习进度，在输入材料的处理上给予学生一定的选择性。这将有助于学生根据自身需求和能力，有针对性地选择和处理输入材料，进而提高学习效果。教师可为学生提供不同难度和类型的材料，以便学生能够根据自己的情况进行选择。

最后，在教学过程中，教师应指导学生按照产出任务的要求进行循序渐进的练习。教师在这个过程中要对学生的学习情况进行评估，以确保学生具备完成产出任务所需的能力。这种及时的评估和反馈对学生的学习进度至关重要，有助于及时发现和解决学生在学习过程中遇到的问题。

3.评价阶段

评价阶段的核心在于检验以评促学假设，以帮助学生更好地提高学习效果。

在这个阶段，首先，教师需要根据产出任务的具体要求，制定明确的学习评价标准。这些标准将为学生完成任务提供明确的方向，有助于提高任务完成的质量。

其次，在学生按要求完成产出任务后，教师要挑选出适合在课堂上进行分析讲评的典型样本。通过对典型样本的分析，教师可以发现学生在完成任务过程中的共性问题，从而为接下来的教学调整提供依据。在课堂评价分析时，教师可以提出针对典型样本的重点和难点问题，组织学生进行个人评价、小组交流和集体讨论。这些活动将有助于学生在思考过程中加深对相关知识和技能的理解。

最后，教师应设计一些练习，让学生在课后针对共性问题进行巩固训练。这将有助于学生更好地掌握讨论的相关内容。此外，教师可以组织学生进行自评或互评，以便形成最终的评价意见。这些评价意见将有助于学生了解自己在学习过程中的优势和不足，从而调整学习策略，提高学习效果。

三、产出导向法在英语听说教学中的应用

（一）产出导向法在英语听力教学中的应用

高校英语听力教学不仅能够帮助学生提高听力水平和沟通技巧，还能帮助学生巩固学到的语言知识，并快速掌握英语的表达方式和思维习惯。但在现实教学中，英语听力教学的效果并不理想，很多学生并没有较好的听力水平，对此，教育研究者利用产出导向法开始了教学研究和实践。下面通过实例来阐述

产出导向法在英语听力教学中的应用。

1. 拟定目标

实验题目：Conflicts between parents and children（父母和子女之间的矛盾）。之所以选择这个题目是因为其能够引起学生的共鸣。高校学生跟父母之间多多少少会存在一些矛盾，这个题目能够在高校学生之间引发较多共鸣，可以把英语听力课变得更加生动有趣。首先，教师可以根据这个题目拟定一个"课本剧"，让学生通过表演的形式讲出自己的故事，表达自己的观点，并与其他学生展开辩论，进而更加深入地理解题目本身的内涵，这样既能够提升学生的英语口语和听力水平，又能提升他们英语的实际应用能力。为了实现这一目标，教师在常用词和重点句式的选择上应该更加谨慎、认真。

2. 规划重点环节

（1）视频引入。在这一环节，教师通过播放与主题相关的视频，为学生提供一个交际场景。这个视频可以反映作为子女的学生成长中的烦恼，以及父母和子女之间存在的一些矛盾。通过这种方式，教师可以激发学生的表达愿望，从而帮助他们更好地参与接下来的课堂活动。

（2）小组讨论。在这一环节，学生分成小组进行话题讨论。教师可以给学生分配时间，如10分钟，让他们用所学的英语知识和文化充分讨论视频中的问题。通过参与这个环节，学生可以了解自己在英语表达方面的"缺口"，并为下一个环节的展开提供素材。

（3）记录想法。学生可以根据讨论结果，思考并用笔记录下表达不出来的想法，即说不出口的英语句式。这一环节可以帮助学生锻炼英语写作能力，同时为下一个环节的展开提供素材。

（4）小组课本剧创作。学生需要在15分钟左右的时间内，完成一部基于课本的小剧本。这个剧本需要小组合作完成，内容要在原来的基础上进行改进，既要体现主题内容，又要在语言点上有所突破。

（5）剧本表演与教师评定。学生准备好剧本后，可以进行分组表演。在表演过程中，教师可以观察学生的表现，然后进行最后的评定和指导。这一环节可以帮助学生巩固所学语言知识和文化知识，提高英语表达能力。

（6）语言推进。到了这一环节，整个教学过程已接近尾声。教师可以在这一环节引导学生进行词汇和句型的练习。题型应该多样化，包括选择题和填空题，其中选择题要求学生进行同义词替换，填空题要求学生在不完整的句子上加以填充。设置这一环节的目的是帮助学生巩固所学的词汇和语法知识。

3.注意事项

在整个教学过程中，教师应注意以下几点：

第一，教师应该清楚地知道课程的目标，熟练把握一些比较好的句式和短语。

第二，教师要确保学生明确课堂任务，比如在规定时间内完成课本剧创作和表演等。通过明确的任务要求，学生会力争在规定时间内完成既定目标，从而提高课堂效率。

第三，教师应该鼓励学生以小组为单位进行讨论、剧本创作和表演。这有助于培养学生的团队合作精神和沟通能力，同时能让他们在学习过程中互相支持和鼓励。

第四，教师要利用不同的教学资源（如视频、音频等），为学生创造真实的交际场景。这样可以让学生更好地理解和运用所学的语言知识，增强他们的语言实践能力。

（二）产出导向法在英语口语教学中的应用

1.驱动环节

产出导向法认为，教师可以通过让学生清晰地认识到自身在英语口语方面的不足，进而刺激学生学习英语口语的欲望。针对这一教学思路，教师可以适当地设计一些比较有挑战性的话题，或者把教学情境设计得更加具有交际性，然后鼓励学生通过自己的努力完成教师安排的任务。

例如，教师可以"中国美食"为交际主题，设置一些练习任务。第一，假如学校举办了一次"家乡美食节"活动，在活动中，你的留学生同学对你的家乡菜很感兴趣，想知道更多关于家乡菜的信息。第二，假如你是一名外宾接待人员，这天，你带领一名外宾去当地有名的饭店吃饭，外宾对饭店精致的菜肴很感兴趣，不断询问有关食材和烹饪方法的问题。第三，假如你作为一名国际交流生认识了一些外国同学，在中国春节来临之际，你热情地邀请他们来中国感受中国传统节日的文化和氛围，并邀请他们去你家吃饺子。你的外国同学对饺子的做法十分好奇，希望你教他们包饺子。

教师设置的这些交际任务看似十分简单，但其实需要交际者有较强的语言表达能力和交际能力，如果一些有关中国文化的表达没有提前了解过，可能无法顺畅地解释出来。学生在明确自己的交际任务之后，就能够主动地去了解、学习一些文化知识，然后在已有的表达基础上进行填补和提升。在这个过程中，学生不仅能提升口语表达水平，还能了解中西方文化的差异，增强自己的跨文化交际能力，进而担负起对外文化交流的使命。

2.促成环节

促成环节包含以下教学步骤：

（1）教师针对产出任务进行细致的描述。学生能够成功完成产出任务的关键在于三个层面：首先是内容层面，其次是语言形式层面，最后是话语结构层面。因此，教师先要提供足够的语言材料来满足学生对话题内容的输出要求。具体来说，教师需要提供一些学生需要用到的材料，让学生在这些材料中理解任务内容，挑选出完成任务所需的一些信息。

仍以"中国美食"交际主题为例。在课程开始之前，教师可以将挑选出来的比较适合学生使用的材料发送到班级专属的学习群。材料主要包括：《家乡菜的文化传统和主要做法》（第一项任务的材料）、《中国的美食文化》《中国的饮食礼仪》（第二项任务的材料）、《中国的春节文化》（第三项任务的材料）。

这些材料最好既有视频讲解，又有文字叙述，视频讲解方便学生更直观地了解讲解的程序和方法，文字叙述则能帮助学生掌握一些不常见的表达。双管齐下，这样既能提高学生的学习效率，也能激发学生的学习兴趣。

（2）学生根据教师的描述进行学习。学生分成几个小组，每个小组根据自己分配的任务下载相关的材料，然后小组内的成员进行角色分配，认领各自的工作，通过对材料的分析利用，加上自己的资料查找和总结，完成教师交代的任务。教师在这一过程中的主要职责是时刻关注活动任务的进展情况、发现学生在学习过程中存在的问题并协助解决，以及在上课之前对学生制作的幻灯片进行检查。

（3）教师对学生的产出任务进行检查和指导。根据英语教学工作的要求，学生在开展活动、完成产出任务的过程中，教师不能不管不问，完全放任学生自己探索，而是要时刻关注学生的学习动作，并给予适当指导。

例如，在第一个活动任务中，学生从《家乡菜的文化传统和主要做法》中了解到了与家乡菜有关的历史故事和文化传统，但教师在检查学生制作的幻灯片时，发现很多幻灯片的内容只有文字叙述，看上去比较枯燥，没有什么吸引力，很难吸引观者的注意力。此时教师可以指导学生在幻灯片内加入一些色彩丰富的图片或者动图，同时删除部分不必要的文字，要求学生记住自己想介绍的内容，而不是照着幻灯片上的文字读。在第二个活动任务中，学生可能根据材料选择一些比较有名的中国菜式进行讲解，此时教师要鼓励学生对有关食材和烹饪方式的英语表达进行重点学习和记忆，从而实现对菜肴制作的流畅介绍。针对第三个活动任务，教师可以指导学生划分一些看似复杂的流程。例如，教师可将包饺子的步骤划分为和面、调馅、擀皮、包饺子、煮饺子、吃饺子六个步骤，这样有助于降低包饺子的表达难度，使学生表达起来更从容、更自信。

3.评价环节

教学评估可划分为两类：实时评估和延时评估。实时评估是在学习过程中进行的，教师根据学生的完成情况和学习能力给出相应评价。相对而言，延时评估要求学生根据教师设定的任务目标进行练习，完成后，教师会根据学生的练习成果提供合适的指导与修改建议。

第三节 文化教学法在大学英语教学中的应用

一、实施文化教学的必要性

每种语言都是特定社会群体用来交际的工具，都承载着某一社会群体的文化，社会群体成员按照自己民族文化的发展模式运用和开发语言。语言不仅是特定区域内简单的语音符号和书写符号，还能反映出该语言使用群体的思维模式、生产方式和风土人情。在跨文化交际的情境中，交际双方只有对对方的社会文化具有一定的认知和正确的理解，才能保证交际活动的有效性，才能避免因文化差异导致的沟通问题和交际障碍，进而实现跨文化交际的目的。因此，在大学英语教学活动开展的过程中融入文化教学的知识和内容是非常必要的。实施文化教学的必要性主要包括五个方面的内容，如图4-3所示：

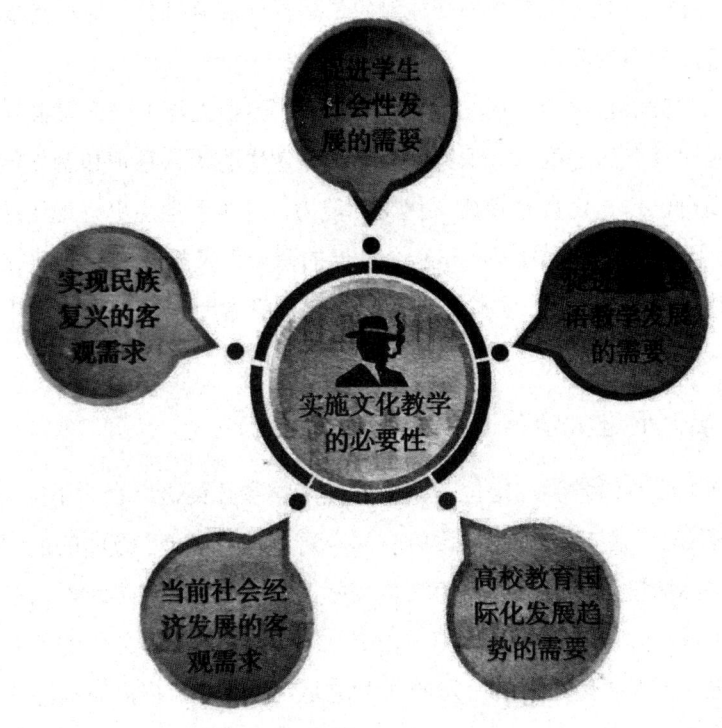

图 4-3　实施文化教学的必要性

（一）促进学生社会性发展的需要

人具有社会属性。每个人都在社会中扮演一定的角色，并承担一定的责任。在高校教学工作中，教师有责任也有义务引导学生通过不断学习来认知和了解社会的真实情况，尤其对那些与学生的日常学习、生活乃至即将从事的工作息息相关的社会现象，更应引导学生进行必要的认知和理解。

只有对社会建立正确的认知，学生才能构建起正确的思想行为体系，才能规范自身行为，树立正确的世界观、人生观和价值观。对于高校学生来说，高校学习阶段是促进其社会性发展、培养其社会认知能力的关键时期。进入高校学习阶段，他们可以以成年人的身份更多地参与到社会活动中，与各种类型的人进行交往。由于交往方式和交往对象的多样化和复杂化，他们需要接受有关文化与交际方面的教育。

在大学英语教学中开展文化教学，能够培养学生与不同语言群体进行沟通与交流时应具有的态度、意识和能力，培养学生的团队意识和合作能力，帮助学生提高自己的文化素养和跨文化交际能力，这对于学生更好地了解社会、融入社会、紧跟时代发展的步伐和社会发展的需要以及提升个人素质来说都有很现实的意义。由此可见，实施高校英语文化教学有助于实现高校学生培养的社会化目标。

（二）促进大学英语教学发展的需要

当前大学英语教学的定位是培养和提高学生的英语综合应用能力。英语综合应用能力不仅包括基础的英语听、说、读、写、译五个方面的能力，还包括在特定交际情境下用英语开展跨文化交际的能力。这主要是因为来自不同民族文化的个体在开展跨文化交际的过程中，经常会因为双方文化的差异而影响交际的效果，因为文化碰撞而引发的误会更是难以避免。根据对实际跨文化交际行为的研究和分析可知，在不同民族文化的交流过程中，因为文化导致的交际障碍要比因为语音、语法失误导致的交际障碍严重得多。由于交际双方语音不标准或语法不正确导致的结果最坏的就是词不达意，即对方无法理解表达者真正想要表达的思想内容，但由于交际双方文化认知和问题理解而导致的误会可能会上升到民族尊严的高度，可能会使对方误以为表达者不尊重对方的民族文化，甚至可能引发对方的敌意。

如果想要在与其他国家民族交际对象的沟通与交流过程中尽量避免出现文化信息的误解或文化冲突，减少沟通与交流过程中不同民族文化背景下交际双方之间的摩擦，那么就需要保证参与交际的人员具备一定的跨文化交际素养与跨文化交际能力，对交际对方的文化传统和文化禁忌有比较深刻的认知和理解，只有这样，才能实现跨文化交际的目的。因此，在大学英语教学过程中有效融入有关英语国家、民族文化知识内容的教学是十分必要的。将英语教学与英语国家、民族文化的教学有机地融合在一起，能够帮助学生掌握英语知识和技能、增加学生的民族文化积累、提高学生对大千世界的认知和理解、培养学生正确的民族思想观念，这种观点和做法已成为当前大学英语教学的普遍共识。

（三）高校教育国际化发展趋势的需要

伴随全球经济一体化、文化多元化发展进程的推进，世界各国高校教育的发展趋势受到了影响。当今时代，树立高等教学的国际化意识、提升高等教学的国际化水平是世界性高等院校办学的基本理念。对我国来说，在高校外语教学过程中融入文化教学是我国高校国际化办学发展的方向。外语文化教学在我国高校的实施和普及，对于创新办学理念、尽快融入世界高校办学的时代洪流当中具有积极的推动作用。我国高校开展外语文化教学有利于学习和借鉴西方先进的办学理念和教学模式，从更加客观的视角出发研究和分析我国的高校教育和外语教育，并且能够以国际化的眼光观察和分析全球范围内存在的民族问题、合作问题等综合类的问题，从而在检验理论的过程中，结合我国教育教学的现状，找到我国本土办学、教学与世界办学、教学成功经验的结合点，以更好地把握国际主流意识的发展，在办学、教学过程中进行创新，并在改革创新的过程中保持自己的特色，从而推动我国高等教育事业的发展。

伴随时代的发展和文化多元化的推进，高校的办学工作也呈现出新的发展态势。国内一些高校选择了同国外高校甚至世界名校合作办学的方式。在中外合作办学的过程中，无论是高校本身还是参与办学项目的教师、学生，都面临多元化的办学背景，尤其参与办学项目的国外教师和学生来自不同的国家和民族，他们的思维方式、社交礼仪、风俗习惯等与我国相比有很大差异。在这种办学理念和办学氛围中成长的学生肯定会受到多元文化思维的影响，从而树立起跨文化交际的意识，并增加对不同文化的包容和理解。由此可见，在中外合作办学这一教学模式中开展文化教学具有深远的现实意义，同时有利于高校外语文化教学的发展与进步。

（四）当前社会经济发展的客观需求

伴随我国各个行业领域改革开放力度的不断加大和经济的飞速发展，我国各行各业国际化的交流与合作事项逐渐增多。我国社会经济的发展需要大量掌握英语基础应用知识和跨文化交际能力的人参与到国际交流与合作项目中来，以开展越来越多有价值、有发展意义的国际性合作事务，从而进一步增强我国与其他国家、民族的经济联系，满足我国社会经济发展的需要。

当然，这种国际型人才不仅需要具备出色的英语语言表达能力、理解能力和沟通能力，还需要具备国际化、现代化的文化意识和交际思维，要对其他国家、民族的文化与历史、传统与现代、日常交往礼仪和交际原则都有一定了解。跨文化交际能力是一种应用于跨文化交往过程的能力，由于交往是一种交际双方双向互动的行为，因此跨文化交际能力也应是一种双向的沟通与交流能力。这就要求大学英语教学培养出来的跨文化交际人才不仅对英语民族交际对象的语言文化有较为客观的认识与理解，而且对汉语语言文化知识和历史传统有着深入的理解和掌握，只有全面的掌握，才能在跨文化交际的实践过程中有效传递中华民族文化信息，才能在潜移默化中传播中华优秀传统文化，满足对方对中华民族文化的认知需求和双方的交际需求。

（五）实现民族复兴的客观需求

中国要参与任何国际性的活动与事务都离不开英语这一沟通与交流的工具。因此，我国学生在学习英语语言和文化的过程中，必须认识到西方语言文化对中国现代文化发展的巨大影响。我国学生不仅要有坚定的社会主义信仰，还要努力学习本民族的优秀历史文化，博古通今，同时对西方语言文化进行选择性的学习与吸收，充分利用英语语言知识发展我国的经济、科技、文化、教育等事业。

基于以上分析，高校英语文化教学工作任重道远。高校英语文化教学要培养具有跨文化交际意识和能力的人才，不仅要在学科内制定科学的教学目标、选择合适的教学内容，还要与其他相关学科一起教授给学生本民族的语言文化知识，让学生在掌握母语文化知识的同时，了解两种语言文化知识的差异，进而进行辨别与分析，构建科学合理的、独具民族特色的文化知识体系，树立文化平等、文化包容的意识。因此可以说，在当前的时代背景下，在大学英语教学过程中实施文化教学是一项意义重大、影响深远的工作。

二、文化教学法在大学英语教学中的具体应用

通过前面的分析介绍，相信读者已经了解了在英语教学中开展文化教学的必要性。在大学英语教学工作中采用文化教学法培养学生的文化意识和跨文化交际能力，就是要在英语各类知识和技能教学中考虑文化因素的影响，分析在文化因素的影响下开展英语知识和技能教学的方法。阅读教学和写作教学作为英语教学的重要组成部分，对学生英语综合应用能力的提高具有重要作用。接下来本书以阅读教学和写作教学为例，分析文化教学法在英语教学中的具体应用。

（一）文化教学法在英语阅读教学中的应用

1.文化因素对英语阅读的影响

（1）词汇层面的影响。文化因素对英语阅读的影响首先反映在词汇理解的层面上。这主要是因为语言中的某些词汇承载着一个国家或民族的文化精髓和文化特色，也就是说，这部分词汇中带有该民族特有的文化信息和文化内涵，这些信息和内涵在其他民族文化中是没有或者不对等的。如果学生在英语阅读过程中遇到这些词汇，单看其字面意义是无法对该词汇有深入理解的，只有了解该词汇产生的文化背景知识，才能掌握其真正的含义。部分英语习语、成语、谚语即是此类代表。例如：

The book must be her swan song.

错误解读：这本书一定是她的天鹅之歌。

正确解读：这本书是她的辞世之作。

在这个例子中，如果将 swan song 按照字面意思解读成"天鹅之歌"，肯定让人摸不着头脑。事实上，这一表达源自西方的一个古老传说，传闻天鹅在临死的时候会发出美妙的歌声，因此加上 the book 后，正确的解读应该是"辞世之作"。又如：

My sister Jenny works at a full time job and has two young babies to take care of when she gets home in the evening. Her husband Bob tries to help out, of course, but he just isn't too handy with kids. Believe me, her life these days is no bed of roses.

错误解读：我的姐姐珍妮有一份全职工作，但她晚上下班回家还得照料两个孩子。她的丈夫鲍勃当然也试着帮她分担家务，但是鲍勃就是不太擅长带孩子，所以相信我，珍妮眼下的日子可是没有"玫瑰花床"。

正确解读：我的姐姐珍妮有一份全职工作，但她晚上下班回家还得照料两个孩子。她的丈夫鲍勃当然也试着帮她分担家务，但是鲍勃就是不太擅长带孩子，所以相信我，珍妮眼下的日子过得并不舒坦。

在这个例子中，如果不考虑 bed of roses 的文化隐喻，直接将其理解为"玫瑰花床"，那么结合前面的描述，也能大概猜出这个短语想表达的意思是珍妮现在的生活过得并不轻松。事实上，bed of roses 这一短语在英语文化中的含义就是被人们用来比喻称心如意的境遇，近年来，bed of roses 常和 not 或者 no 连用，成为否定形式。no bed of roses 用在这段话中，形象地描绘了珍妮夜以继日、十分辛苦的生活状况。

（2）句子层面的影响。在英语阅读教学中，文化因素不仅存在于常见的词汇层面，而且存在于句子层面，句子层面的文化差异会给学生造成理解句子含义的困难。例如，谚语是英语语言文化的重要组成部分，谚语是流传民间的言简意赅的话语，多为口语形式的通俗易懂的短句或韵语。丰富的谚语活跃在英语文化圈内。例如：

Try not to mind other people's business and remember curiosity killed the cat.

字面含义：不要多管别人的事，记住好奇害死猫。

深层含义：不要多管别人的事，记住知道得太多容易让自己卷入是非。

"Curiosity killed the cat."这句谚语出自英国著名侦探小说《命运之门》。这句话常用来劝阻别人别问太多问题，因为好奇心（当你十分渴望了解某些事情时）会为你带来未知的危险。

又如：

Actions speak louder than words.

字面含义：行动比言语更响亮。

深层含义：事实胜于雄辩/行动胜于言辞。

"Actions speak louder than words."这句话出自美国诗人亨利·沃兹沃斯·朗费罗的长诗《海华沙之歌》。后来人们用这句话表示如果人有理想、有目标，不能光说不干，千言万语不如开始行动，理想不可能在空谈中变成现实，只有行动才有可能帮助人们实现目标。

还有一句特别有名的谚语：

Don't put all your eggs in one basket.

字面含义：不要把所有的鸡蛋放在一个篮子里。

深层含义：不要孤注一掷。

"Don't put all your eggs in one basket."这句话是一句民间谚语。意思是如果你把所有的鸡蛋放在一个篮子里，如果这个篮子打翻了，那么你就会损失所有的鸡蛋，因此要把鸡蛋放在不同的篮子里，这样万一其中一个篮子不幸打翻，其他篮子里的鸡蛋还是完好的。比喻人不应该把所有的财富存放在同一个地方或者不要把一切希望寄托在一件事上。

（3）语篇层面的影响。文章是以语篇的形式呈现的，所以学生在阅读英语文章时不仅要注意词汇、句子层面的文化知识背景，还要了解整个文章的语篇结构及其涉及的文化知识背景。中西方思维方式的不同会导致人们在建构文章结构时的操作不同。中国人归纳式的思维方式体现在文章结构上就是"归纳建构法"，即在论述某一话题时，采取由次要到主要、由背景到任务、从相关信息到主要话题的发展过程，通常把对某一事物的看法或对别人的意见和建议等主要内容放在最后，这是逐步达到高潮式的讲话方法。西方人演绎式的思维方式则引导他们采用"逆潮式"的演绎法来表达自己的看法。这种方法的特点就是把话题观点放在讲话的最前边，以引起听话人或读者的重视，接下来的部分就是对观点的逐步论证。这种思维模式形成的篇章结构容易使学生在阅读时感到不适应。

此外，如果学生缺乏对语篇所涉及的文化背景知识的了解，也会在阅读过程中感到迷茫。例如，文章的主题是介绍英国人的婚礼，婚礼上新娘准备了四种服饰，分别是"the old one, the new one, the borrowed one and the blue one"。这个背景介绍的是英国人结婚时，新娘会提前准备好四种服饰：旧的服饰象征着新娘与自己原生家庭之间的感情及与过去生活之间的联系；新的服饰象征着她即将开始新的生活；借来的服饰则一般是从婚姻幸福的朋友处借来的衣服，希望他们的幸福能传递到新娘身上；而蓝色的服饰则代表新娘有一颗纯洁的、忠于爱情的心。这四种服饰有各自不同的含义，但都寄托了新娘对未来婚姻生活的展望与向往，也代表外界的衷心祝福。如果学生不了解这四种服饰的文化含义，在阅读时就会产生困惑。

2.文化教学法在阅读教学中的具体应用

此处主要介绍两种具体教学方法：一种是"阅读圈"教学法，另一种是角色扮演教学法。

（1）"阅读圈"教学法。在多元文化背景下展开阅读教学可以使用"阅读圈"教学法。所谓"阅读圈"教学法，就是引导和组织学生通过自主阅读、自主讨论与自愿分享的方式掌握英语知识和文化的方法。在"阅读圈"内，每位学生都自愿承担其中一种角色，负责一项指定的工作，并一起进行读后反思。"阅读圈"教学法的主要目的是培养学生的阅读、思考和交流能力，"阅读圈"活动小组成员在活动开展前期做好了充分的准备是活动顺利进行的保障。具体来说，在多元环境背景下开展"阅读圈"教学活动可以分为以下几个步骤：

第一，设计任务。英语教师将某项英语文化内容设为活动专题，明确活动目标和活动任务，选择并确定活动中需要用到的阅读材料并设计一些学生感兴趣的、具有教育意义的问题，帮助学生规划好解决这些问题、完成活动任务的学习模式。

第二，布置任务。在设计完活动任务之后，教师需要向学生布置具体任务。在布置任务之前，教师首先根据学生的特点，将学生分为人数基本相同的"阅读圈"，每个圈子里有六七个人。"分圈"完成后，教师再向学生介绍活动的任务和规则，并鼓励学生在"阅读圈"内担任一定的角色。"阅读圈"活动中的成员角色分配如表 4-1 所示：

表 4-1　"阅读圈"活动中的成员角色分配

角色名称	具体任务
讨论组织者	主持整个阅读讨论的过程，提前准备相关问题供成员讨论
词句总结者	挑选出阅读材料中涉及文化教学内容的重点词汇和句子，引导成员展开讨论、学习
文化研究者	发现阅读材料中与本民族文化相同、相似或有很大差异的文化元素，引导圈内成员进行比较、分析
语篇分析者	分析文章的语篇构成方式，提炼重点语篇信息，与圈内成员分享
联想评价者	结合阅读材料与其中涉及的文化内容，对当前的社会文化发展动态进行批判性研究与评价
总结概括者	总结阅读材料中的所有文化要素和文化内容，总结和评价本次活动的成果和不足之处

第三，准备任务。英语教师在完成任务布置后，引导学生充分发挥主观能动性展开独立思考，并将需要讨论的问题以及自身思考的结果用文字记录下来。与此同时，由于"阅读圈"内的成员承担不同的角色任务，英语教师应鼓励他们独立完成各自的任务，充分表达自己对英语文化的理解和看法。

第四，完成任务。在这一阶段，"阅读圈"内的各个成员依次汇报、分享自己的阅读成果，根据阅读材料进行信息加工和思维拓展，确定小组汇报的内容，并在课堂上展示最终成果。这一阶段是学生充分表达观点和自由讨论的阶段，有助于培养学生的多元文化意识和英语思维方式，因此英语教师需要特别关注这一阶段各位成员的表现。英语教师要掌控整个讨论过程，对讨论过程中可能出现的争论不休或偏离主题的情况及时制止，使学生的关注点一直在材料上。

第五，评价任务。在评价任务阶段，英语教师需要鼓励各个"阅读圈"进行自我评价和相互评价。在相互评价时，"阅读圈"成员可以根据该阅读圈最终的成果展示以及各成员的讨论表现进行相互打分。学生自评和互评结束后，教师再进行活动总结，点评各"阅读圈"的整体表现以及学生的个人表现。需要注意的是，教师在点评时要注意尊重学生对不同文化的看法，关注学生文化知识的掌握情况和跨文化意识的形成。

（2）角色扮演教学法。在英语阅读教学中，角色扮演教学法是一种富有创意和趣味性的教学方法，能够激发学生的学习兴趣，提高学生的学习积极性，并增强学生在真实场景中运用英语的能力。此外，角色扮演法能够通过模拟实际生活中的各种情境，让学生在真实的语言环境中练习和运用英语，从而提高他们对交际知识、文化知识的掌握能力和运用能力。接下来，本书将对角色扮演法在英语阅读教学中的具体应用进行论述。

第一，英语教师可以根据英语国家的风俗习惯和社交礼仪，为学生设计各种真实的情境，如问候、问路、购物、求医、求职等。这些情境可以让学生更好地理解所学阅读材料中的文化背景和社会习俗，从而提高他们的阅读理解能力。

第二，教师可以让学生分角色扮演，根据所设情境进行对话和交流。在角色扮演活动中，学生需要根据角色特征和情境要求，用英语进行自由表达。这种实践性的教学方式能够提高学生的口语表达能力，增强他们的自信心，并加强学生之间的合作与交流。

第三，通过模拟英语国家人们的日常生活场景，角色扮演法可以在更轻松、更自然的语境中帮助学生掌握文化知识，并培养学生的跨文化交际能力。学生可以在亲身体验中了解不同文化背景下的行为举止和表达方式，从而增强他们的跨文化意识和适应能力。

第四，在角色扮演活动中，教师要引导和鼓励学生运用所学词汇、语法、句型、文化等知识进行英语表达。这种真实场景中的应用能够让学生更加深刻地理解和掌握英语知识，提高他们的理解能力和应用能力。

第五，在角色扮演活动中，教师要鼓励学生充分发挥自己的想象力和创造力，充分享受学习的快乐、与人交流的快乐。这种愉悦的学习过程有助于培养学生对英语学习的积极性，提高他们的学习动力和自主学习能力。

（二）文化教学法在英语写作教学中的应用

1.文化因素对英语写作的影响

在第二语言的应用过程中，学习者至少要掌握此项语言两个方面的内容：一方面是该语言的知识和结构，即语音、词汇、语法等；另一方面是该语言的应用方法，即判断语言使用是否得体的因素，比如语言的使用是否符合说话人的社会身份、是否符合交际场合的需要、是否能达到交际的真正目的等。因此，我国英语学习者要学会使用英语，就必须了解英语语言中包含的文化因素以及本民族与英语国家民族之间的文化差异。接下来本书就从措辞、造句和文体三个方面出发探讨汉英文化差异对高校学生英语写作方面的影响。

（1）措辞。同一个事物或现象在一种语言中可能只有一个词汇能表达或描述，但在另一种语言中可能不止一个词汇可以表达或描述。这种情况就会导致汉语和英语两种文化背景的交际者产生理解和沟通的困难。比如英语中的"Jenny's brother met Henry's sister."这句话只能翻译成"珍妮的兄弟遇见了亨利的姐妹"，因为 brother 在英语中既可以指哥哥，也可以指弟弟，sister 在英语中既可以指姐姐，也可以指妹妹，在没有上下文语境的情况下，无法判断其具体含义，也就无法理解其确切含义。从这个例子中可以看出，对于我国英语学习者来说，要想提高自己的英语写作水平，就要多掌握一些英语词汇，尤其要掌握多义词的不同含义。可以说，用词准确是开展写作的基本功，因为词汇是语言的基本要素，是民族文化凝聚的精华，所以文化因素在词汇方面的表现最为突出。例如，人们常常认为英语中的 eat 相当于汉语中的"吃"。但英语中的吃饭除了用 eat 外，还会用 have，而如果要表达吃药的意思，就只能用另一个单词 take 了，如 take some medicine。因此用词准确是写作的基础，用词的技巧更是提高写作水平的关键。

词汇的含义一般由字面含义和文化内涵两个部分组成。而成语、谚语、习语等词语表达是一个民族或社会群体语言文化的重要组成部分，尤其成语，不仅含义丰富，而且使用起来需要一定技巧，如果运用不当，就可能造成误解甚至引发交际冲突。再者，尽管英语词汇与汉语词汇在分类上大致相同，但词汇的功能有很大差异。例如，在应惠兰教授主编的《新编大学英语》教材中有这样一段话：

I am sitting in a local restaurant offering takeout homestyle meals, surrounded by exhausted but happy shoppers, families out for Friday night dinner, and students taking a break from college exams.

译文：我坐在邻近的一家餐馆里，该餐馆提供具有家庭风味的外卖饭菜，并围满了人，有疲惫且快乐的购物者，有周末夜晚就餐的一家人，还有考完试休息一下以便再战的大学生。

对比这两种语言文字的表达可以发现，英语词汇和汉语词汇的一个明显差别在于英语表达常呈现出静态特征，而汉语表达则呈现出动态特征。具体来说，英语中有一种少用动词而选择其他方式表示动作含义的倾向，而汉语则习惯较多使用动词展现动作的特点，汉语中对不同动作的动词分类十分细致就体现了这一点。事实上，英语中还有一些名词和形容词都能表示动作意义。如名词 look、glance、mention 等，形容词 good、aware、able、angry 等，在特定的语言环境下，这些词都可以用来表示相应的动作含义。例如，"一看见老师，学生就感到紧张"可描述为 "the very sight of teacher makes student feel nervous"。所以在英语写作中，学生需要注意汉语和英语在用词方面的差异，精心挑选最合适的英语词汇，往往能有效提升整篇文章的表达水平。

（2）造句。首先，在句子主语的选择上，汉语句子的主语通常是能主动做出一定动作的、有生命的人或事物，而英语句子在选择主语时，经常选用不能主动发出动作、没有生命的事物，如汉语的"我希望……"翻译成比较地道的英语表达是"It is my hope that ..."英语的这一特点在其书面语表达，尤其新闻、科技、学术文献及一些散文问题中尤为突出。也就是说，汉语注重人称（有灵）表达，英语注重物称（无灵）表达。例如：

"His only comment was, 'Tell BBC I will broadcast at nine tonight'."

译文：他只说了一句："告诉BBC，我今晚九时发表广播讲话。"

在这一例子中，虽然可以使用物称主语翻译成"他唯一的话是……"但还是不如人称说法更加自然和直接。

再者，在建构句子结构方面，汉语和英语的句子成分和分句之间的连接方式是不同的。英语十分注重句子结构的完整和外在形式的规范，因此各分句之间的联系主要是通过词汇中介搭建起来的。例如，在英语中用and表示并列关系，用but表示转折关系，用so表示因果关系，等等。也就是说，英语中的各种连接词作为一种形态标记得到了广泛应用。与英语不同的是，一般情况下，汉语各分句之间的联系主要是由语序和逻辑间接地呈现出来的。这并不是说汉语中没有连接词，而是说尽管汉语中存在一些连接词，但在表达中，人们经常省略对连接词的使用。英语和汉语的这种显著区别可称为形合和意合的区别。例如：

That is our policy and that is our declaration.

译文：这就是我们的国策，这就是我们的宣言。

从以上示例中可以看出，英语句子的连接依靠连接词and，使句子显得紧凑有序；虽然汉语译文省去了对原文连接词and的翻译，但两个句子之间的关系没有消失，并且非常符合汉语的表达习惯。

又如：

他身材高大，长相英俊，深受女士们的欢迎。

译文：He is tall and handsome, so he is very popular with women.

从这个例子可以看出来，英语译文比汉语原句多了两个连接词 and 和 so，整个句子符合英语的表达习惯，英语读者读起来也会十分通顺。

在此还有一点需要强调，那就是英语中的连接词除了常见的表示并列关系、因果关系等明显联系的词汇外，还有一部分连接词是由关系代词或关系副词充当的，如 that、who、what、which、where 等。

综上所述，我国英语学生在用英语进行造句时需要注意句子主语的选择，遵循英语句子结构的建构规律，否则就会使造出来的句子充满汉语思维定式的特征。

（3）文体。汉语写作和英语写作的相同之处在于二者都需要作者对写作的主题有比较深刻的了解，然后精心挑选写作要用到的材料内容，进而运用各种方法和技巧将这些材料组织成恰当的语言，真诚地表达自己的观点，即文章的中心思想。尽管这两种语言的写作具有相同的特征，但它们之间的差异是显而易见的。例如，在进行叙述和描写时，与英语文体相比，汉语文体中会使用更多形容词。这并不是说写作时用形容词不好，相反，形容词使用得当能使文章的人物描写栩栩如生、景物描写生动形象，但如果使用不当，便容易造成表达拖沓冗长，让读者失去阅读兴趣。英语文体一般直截了当，具有直抒胸臆的特点。例如：

These are the times that try men's souls. The summer soldier and the sunshine patriot will, in this crisis, shrink from the service of their country, but he that stands it now, deserves the love and thanks of man and woman .

译文：这是触及人们灵魂的时刻。在这次危机中，那些和平盛世的士兵和处于安逸环境的爱国者将畏缩不前，不为祖国效力；而那些经得起考验的人将赢得人们的爱戴和感激。

2.文化教学法在写作教学中的具体应用

（1）英语文化导入。为了尽可能地减轻汉语语言文化对英语写作的负迁移影响，在高校英语写作教学中，高校英语教师应该帮助学生掌握中西方在思维方式、表达方式等方面的文化差异，以及受这种差异影响下的英汉写作特点，提高学生对英语语言文化的敏感度和学生的英语语言运用能力。

具体来说，高校英语教师可以利用文字、图片、视频、音频等教学工具，为学生营造一个学习英语语言文化的良好环境，让学生尽可能多地了解英语文化背景，还可以组织学生与外籍学生、教师、学者展开面对面会谈，以帮助学生深入了解真实的英语民族的文化。通过多途径、多层次的接触和了解，学生可以形成对英语文化的认知体系，加深对英语语言的感知力，提高对英语的使用和创作能力。

（2）英汉写作对比。由于中西方文化差异对两种语言的语篇创作影响深刻，因此英语教师可以有意识地分析和展示英汉语篇在选词造句、架构文章等方面的不同特点，引导学生在写作时多使用英语思维选择资料，组织语言，写出符合英美读者阅读习惯和理解方式的英语文章。例如，在大学英语精读教学中，英语教师可以通过细致地分析课文，使学生了解各种英语体裁文章的写作方式和表达技巧，如课文是如何抛出主题、建构框架和论证观点的，从而帮助学生对英语语篇结构有一个综合的、立体的认识。

此外，英语教师在批改写作作业时，应该明确指出学生具有汉语思维的表达方式，并给出地道的英语表达方式，使学生在对比中看到两种表达方式的差别，在修改中学会用英语进行思考，进而形成正确的表达方式。

（3）阅读与写作相结合。中国有句古话说得好：读书破万卷，下笔如有神。这句话的意思是一旦一个人的阅读量达到一定水准之后，那么他就会很擅长写作，也就是说，阅读和写作之间关系密切，具有一定量的语言输入是写作的基础。阅读不仅能为学生积累写作的材料，让学生知道可以写什么，还能在无形中帮助学生掌握正确的表达方式，让他们知道应该怎么去写。因此，在英语写作教学中，英语教师应该让学生通过阅读各种体裁的英语资料来了解英语国家、民族的思维方式、价值观念、社会文化、道德理念等知识文化，为英语写作积累素材、培养英语思维、掌握写作方法与技巧。

需要注意的是，要想充分发挥阅读帮助学生积累素材、经验的作用，英语教师就要教给学生正确阅读的方法，即边读书边做笔记，将读书时的心路体会和学到的知识、经验、技巧记录下来，时常温习，只有这样，学生才能更快、更有效地提高写作水平。

（4）开展仿写训练。受中式思维的影响，中国的学生在写英语作文时常用的方法如下：先用汉语想好要表达的句式内容，然后翻译成英语写出来。这种"汉译英"的写作方式不仅效率低下，还会使文章充满汉语思维和汉语表达方式的特点。为了帮助学生改变这种效率低下、效果较差的写作方式，在英语教学中，英语教师可以引导学生仿写英文材料。仿写的对象既可以是教材里的课文，也可以是教师精心挑选的、具有写作教育意义的文章。仿写时应允许学生使用词典等工具书来辅助写作。通过仿写训练，学生不仅能够学到英语文化知识、积累写作素材，还能快速学到英语语篇的展开方式，从而培养良好的英语语感和写作技巧。

第四节　自主学习教学法在英语教学中的应用

一、自主学习教学法的理论支撑

（一）自主学习的定义

对于自主学习的定义，学术界有不同看法，在此简要列举一些具有代表性的定义。

以苏联心理学家列夫·维果茨基为代表的维列鲁学派认为，自主学习本质上是一种言语的自我指导过程，是个体利用内部言语主动调节自己学习的过程。

以美国心理学家斯金纳为代表的操作主义学派认为，自主学习本质上是一种操作性行为，是基于外部奖赏或惩罚而做出的一种应答性反应。

以美国发展心理学家约翰·弗拉维尔为代表的认知建构主义学派则认为，自主学习实际上是元认知监控的学习，是学生根据自己的学习能力、学习任务的要求，积极主动地调整学习策略和努力程度的过程。

国外学者亨利·霍莱克是最早将"自主性"概念引入英语教学的学者，他认为，自主学习能力是学习者能"负责自己学习的能力"，这一能力体现在自主确定学习目标、学习进度，自主选择学习内容等方面。

国外学者纽南认为，自主学习是一种能够确定学习目标并且创造学习机会的学习，其将自主学习分为五个阶段：意识、投入、参与、创造、超越。

国外学者大卫·加德纳和林赛·米勒将开展自主学习的人定义为：开始计划并实施其学习计划的人。

我国学者董奇认为，自主学习与他控相对，是学生为保证学习的成功、提高学习的效率、达到学习目标，而在进行学习活动的全过程中，将自己正在进行的学习活动作为意识的对象，不断地进行积极、自觉的计划、监察、检查、评价、反馈、控制和调节的过程。

我国学者余文森认为，自主学习就是自己主宰自己的学习，其实质是独立学习。自主与他主相对立，它们的根本分水岭是学生的主体性在教学中是否确立。自主学习具有能动性、超前性、独立性、异步性等特征。

综合考虑以上学者对自主学习的定义，笔者认为，自主学习应包含以下含义：

进行自主学习的学生具有内在的学习动机，能够明白自己的学习目标，能理解教学的目的和方法，能选择适合自己的学习策略并监督自己的学习过程，能管理自己的学习时间和学习进程，能营造出适合自主学习的氛围和环境，能预知学习结果并评价自己的学习过程、学习成果。自主学习的宗旨是培养学生树立自主学习的意识，引导学生掌握学习的方法，让学生从在教师的指导下开展学习向不需要教师的指导也能自主学习转变。

（二）自主学习的特点

个体的自主学习与被动学习相比，具有以下三方面的突出特点：

1.学习的主动性

个体学习的主动性表现为个体在不受外界因素影响的情况下自愿参加或从事某项学习。个体学习的主动性还是人的主体性的显著标志，具体来说，主动性又可分为个体行为的目的性、选择性和自我调节性等特点。

对于学生而言，个体的主动性体现在自主学习方面。自主学习是激发和维持学生学习主动性的重要方法和途径。强调通过培养学生强烈的学习动机和浓厚的学习兴趣来促进学生主动参与学习、开展学习活动。除此之外，自主学习还强调学生有清晰的自我认知，能够根据自身的实际情况选择合适的学习内容、采取合理的学习方法，并在学习遇到困难时进行适时的自我调节。

2.学习的创造性

创造性是学生主体性的另一种体现，也是自主学习的本质特征。之所以说创造性是自主学习的本质特征，是因为自主学习是学生在自己已有知识经验的基础上进行的理解和学习，是赋予所学知识以个人定义和意义的过程，是一种创造性的学习。自主学习强调学习的过程既是对新信息进行意义建构的过程，也是对原有经验进行改造的过程，因为新知识的输入可能改变原有的知识结构或认知定义。学生只有不断地刷新自己的认知系统，才能不断地充实自己，才能掌握更多知识，并尝试把知识变为可以利用的资源。

3.学习的自主性

与传统的被动学习相比，学生在自主学习的过程中有更多进行独立学习、探究的机会，有更多时间和空间独立思考问题、提出问题、探究问题和解决问题，能根据自己的学习习惯和学习需求、学习环境选择适合自己的学习内容和更有效的学习方法，把控自己的学习过程，更具创造性地解决学习中的问题。

（三）自主学习的心理机制

根据系统论的观点，既可以把自主学习理解成一种活动，也可以把自主学习当作一种个人能力。具体来说，自主学习作为一种活动，是动态的、不断变化的，由其先后执行的程序和子过程或活动机制构成；自主学习作为个体的一种能力，本身是一个比较稳定的系统，该系统有相对稳定的内部结构和构成成分，且作为一种能力来说，它的培养和形成需要经历较长时间。自主学习的内在活动机制可以为教师设计、指导具体的自主学习活动提供依据。本书选择以下三种具有代表性的自主学习模型来阐述自主学习的内部构成和活动机制。

1.班杜拉的自我调节理论

阿尔伯特·班杜拉是美国当代著名心理学家，也是对个体的自我调节行为展开系统研究的第一位心理学家。20世纪90年代中后期，班杜拉提出了个体自我调节行为的三个过程，即自我观察、自我判断和自我反应。班杜拉的理论研究得到了许多人的关注和认可，目前有很多从事自我学习研究的学者在班杜拉自我调节理论的基础上展开了对自主学习机制的深入探讨。

2.麦考姆斯自主学习模型理论

20世纪80年代末期，美国学者马克斯韦尔·麦考姆斯提出一个自主学习模型，该模型阐释了自我系统与自主学习的关系。麦考姆斯认为，自主学习能力是自我系统发展的结果。自我系统的构成成分和过程成分在自主学习过程中发挥了巨大作用。自我系统不仅能激发学习者的学习动机，而且影响自主学习中信息的加工和组织。因此，外界想要提升学生的自主学习能力，一方面要引导学生认识到自身具有的能力；另一方面要训练学生具体的自我学习过程。

3.查莫特的自主学习过程理论

美国学者查莫特是自主学习社会认知学派的代表人物之一，他通过学习和研究吸收了班杜拉的自我调节理论，并以此为基础提出了自己的自主学习模型，并在后期补充了该模型的一些设计。他认为自主学习与其他学习的共同之处是它们的产生与发展都受到自我、行为和环境三方面因素之间的相互作用；自主学习与其他学习类型的不同之处在于自主学习除了要基于外部的反馈对学习的外在表现和学习环境做出监控和调节外，还要充分发挥个体的主体性控制和调节自主学习的过程。

查莫特将自主学习的过程分为三个阶段：计划阶段、行为表现阶段和反思阶段。其中每个阶段又有自己独特的内部结构和过程。但自主学习最重要的是学习者要有主动学习的心态。在通常情况下，个体要实现自主学习，需要具备两个基本条件：一是树立自主学习、想要自我进步的意识，即学习者"想学"；二是学习者知道并理解学习的方法和策略，也就是"会学"。

二、自主学习教学法的组织设置

（一）激发学习动机

要培养高校学生的自主学习能力，首先要激发高校学生学习英语的动机。可以从以下三方面入手：

1.培养学习英语的兴趣

目前高校学生学习英语的动机呈现出较强的功利性。调查研究显示，目前高校学生学习英语的动机排在前三位的分别为：想通过全国大学英语四、六级考试，想把英语技能当作找工作的优势，英语是必修课。由此可见，大多数学生具有"证书动机"，他们学习英语的目的就是应付考试，为了取得英语等级证书，而很少考虑到日常交际的需要、跨文化交际能力的培养以及自己的兴趣需求。只有少数学生认为自己是因为喜欢英语而学习的。因此，培养高校学生学习英语的兴趣尤为迫切。在实际的教学活动中，教师可以采取活跃课堂气氛、设计语言应用实践和布置挑战性任务等方法来培养学生英语学习的兴趣。

2.建立明确的学习目标

学习目标是学生对学习结果的期待。根据学习时间的长短，学习目标可以分为长远目标和近期目标。在高校英语自主学习的各个环节，学生都要为自己制定明确而具体的学习目标，并注意将近期目标和长远目标相结合。

3.检测学生的学习效果

学习效果的检测具有反馈信息的作用。通过效果检测，学生能够知道自己在学习上取得了多大进步、在多大程度上达到了目标，从而进一步激发学习动机。及时了解学习效果会对学生产生很大的激励作用，及时检测、及时强化，这是有效运用强化的一条基本要求。检测的方式很多，既可以是书面的，也可以是口头的；既可以用考试作为检测手段，也可以用平时的课堂发言、日常交际作为检测手段；既可以由学生自己进行，也可以由班级、学校等统一进行。如果检测显示效果较好，可给予学生一些奖励。通过对学生学习效果的检测和检测后的奖惩措施，可以刺激学生自主学习英语的动机。

（二）课程类型设置

高校可建立大学英语基础综合类课程和全校大学英语选修课程的课程体系。该课程体系不仅包括传统的面授课程，还注重开发基于信息技术环境的大学英语课程，将综合英语类、语言技能类、语言应用类、语言文化类和专业英语类等必修课程与选修课程有机地结合起来，形成一个完整的大学英语课程体系，以确保不同层次的学生在英语应用能力方面得到充分的训练和提高。

在促进高校英语自主学习的教学过程中，应确保学生每周的英语学时，并通过课堂面授和自主学习相结合的方式开展教学。课堂面授教学主要分为两种课型，即读写译课型与听说兼辅导课型。

其中，读写译课型可采取大课堂班级授课形式，教师的主要教学任务是帮助学生掌握英语基础知识，提高学生英语阅读、写作和英汉互译的能力，帮助学生理解英美文化的内涵，教师可采取的教学形式包括串讲课文、重难点点拨等。

听说兼辅导课型可采取小组教学的形式，根据学生的不同层次，将班内的学生进行分组，每组6~8人，每周每组学生安排一次面授辅导。这种方式适合学生的差异化学习：教师可以引导小组成员之间的互相激励与合作学习，以师生交流、生生交流以及教师指导的方式，对每个单元课文和网上学习内容展开主题讨论或合作学习，重点培养和提高学生的英语听力和口语表达能力；可以对学生课下网络在线学习的进度和程度进行督促和检查，随时掌握学生网上的自学效果，解决学生遇到的困难和问题，进行个别指导，并根据学生的学习效果决定学生是否可以继续学习。

此外，学校可以建立自主学习中心并配置语音输入系统和输出系统，为学生提供跟机练习、听说训练服务，方便学生在课余时间进行自主学习与练习。这种形式允许学生灵活、自由地安排自己的学习时间和学习进度。

三、自主学习教学方法的具体实施

自主学习教学方法的具体实施是指在教学活动中培养学生听、说、读、写能力的教学行为。本书将根据大学英语教学的主要教学内容，从听力与阅读、口语与写作、词汇与语法三个角度探讨在当今时代背景下促进高校英语自主学习的教学策略。

（一）听力与阅读教学法

大学英语教学中涉及的听力与阅读材料是一定社会制度和文化背景下的产物，学生需要掌握一定的西方文化和社会背景知识，才能全面、透彻地理解材料的内容与含义。在当今时代背景下，大学英语教学可以利用互联网信息技术和多媒体设备获取信息资源，设计教学行为，构建教学活动，传授给高校学生大学英语听读的基本知识和相关技能，培养学生利用互联网和多媒体技术获取英语听力与阅读资源的能力和提高英语听读技能的能力，同时引导学生感悟计算机文化的丰富内涵，拓宽学生的文化视野，使学生树立文化意识。

互联网信息技术的发展还为多媒体辅助大学英语阅读教学提供了良好的条件。因为，对比传统的印刷文本类型的教学方式，多媒体将阅读内容的文本、声音、图像等媒体信息融合在一起，形成一种综合信息，从而能够增加学生的阅读兴趣；与此同时，多媒体自带的辅助功能，如在线词典、电脑发音等功能，可以帮助学生更好地理解阅读材料，降低阅读难度，提高阅读效率。除此之外，多媒体用于大学英语阅读教学的优势还体现在学生对电子文本的学习上。利用计算机多媒体设备，学生可以直接对电子文本进行复制、修改，阅读行为不再是学生的单向行为，而是学生与阅读文本之间的双向交流。这种双向交流模式更有利于学生开展自主学习。由于听力教学和阅读教学这两项内容都涉及信息的接收、处理以及社会文化背景知识对理解力的影响，因此教师在对学生的听力与阅读技能进行训练时，可尝试采用以下三种策略：

1.建立、拓展图示策略

建立、拓展图示策略是指英语教师在听力、阅读教学过程中，要训练学生形成与听读材料有关的背景知识，增强对篇章的联想、制约和理解。教师要提供机会以唤起学生已有的背景文化知识，同时要拓展一些与信息相关的背景知识。该策略主要用于听力、阅读课教学的引入阶段。

教师在讲解和介绍英语听力和阅读材料的过程中，常常需要对中西方文化中的差异性进行对比，如中西方的社会制度差异、风俗文化差异、思维方式差异、道德观念差异等，此时英语教师可以利用多媒体信息技术建立起图片、动画、视频、音频等图式，帮助学生理解听读材料或相关社会文化背景知识。一般来说，学生对材料的背景文化知识了解得越多、越深入，就越有利于理解材料。

社会文化背景知识对于英语语言基础薄弱的学生学习听读材料来说尤为重要，因为这部分学生对于英语语言词汇和语法的认知较浅，并且由于技能掌握不足，经常导致认知失误；而启动和建立材料的社会文化背景知识则属于高层次的处理技能，借助这一技能，可以使学生弥补认知失误的不足。互联网信息技术为英语教师在教学过程中生动地展现或导入背景知识提供了便利。

2.训练听力、阅读技巧策略

训练听力、阅读技巧策略是指英语教师要通过训练学生掌握和运用高超的听读技巧来帮助他们提高听读材料理解能力的方法策略。该方法策略在英语听读教学过程中以教师布置任务、学生完成任务的方式进行。在大学英语教学过程中，该方法策略通常需要训练学生以下几种听力、阅读技巧：

（1）猜测技巧。这一技巧是指学生根据已经掌握的材料主题以及社会文化背景知识或者建立起来的图式能高效预测所要听、读内容的技巧。

（2）寻读特定信息技巧。这一技巧是指在阅读材料过程中学生能很快地找到其中一条或几条特定信息的方法技巧。

（3）掌握材料大意技巧。这一技巧是指学生能够通过快速浏览全文掌握材料中心思想或主题含义的技巧。

（4）识别功能、话语结构技巧。这一技巧是指学生能够通过识别特殊含义的符号进行选择性听或读的技巧。

（5）根据上下文猜测词句含义技巧。这一技巧是指学生在阅读材料的过程中遇到不认识的单词或句型时能根据上下文语境猜测其意思的技巧。

3.丰富语言输入策略

语言课堂的教学活动可以分为两大类，即为学生提供语言输入类和鼓励学生输出语言类。语言的输入要依靠听和读，语言的输出则依靠说和写。输入和输出关系密切，没有输入，就没有输出，通过多听和多读能够使学生输入的语言材料越来越丰富，掌握的语言知识越来越多，也就越有利于语言输出的准确性、流利性和多样化。英语教师要广泛收集和整理教材之外的、适合学生了解的英语语言听读材料，为学生提供多种接触真实语言材料的机会，训练学生的听读技巧和听读能力。

（二）口语与写作教学法

大学英语教学中教授的英语口语与写作课程是为了帮助学生掌握最基本的英语语言应用技能和语言表达形式。语言教学的中心任务就是培养学生通过听和读接收信息，再通过说和写传递信息，交流情感的能力。中国学生开口说英语需要克服的最大困难就是自己的心理障碍，如不自信、怕出错、怕别人嘲笑等。教师帮助学生克服心理障碍的主要方法是以身作则，用英语授课，用英语同学生交流，并营造轻松、愉快的学习气氛，鼓励学生用英语回答问题、表达想法。

1.教学过程交际化策略

教学过程交际化策略是指英语教师在训练学生听、说能力的过程中，应该有意识地加入交际训练的成分，让学生进行真实的信息交流。教师可以提供一个话题或者交际的场景，让学生开动脑筋思考在特定情境下应如何构思语言表达；另外，还可以借助信息技术工具，为学生创造一个真实说、写的语言运用环境。学生在与英语国家的笔友通信往来时，听到的、读到的都是地道的英语表达，还能接触对方独特的思想观念，并与对方进行跨文化交流，这将有助于学生形成英语语感、树立正确的文化意识。

除此之外，电子邮件写作具有灵活性和实时传递的特点，适合远程交流活动的开展；Word文档的拼写和语法检查功能则能帮助学生迅速检查出单词拼写和语法错误；电脑词典可以为学生提供词义参考和查询，方便学生查找单词，修改错误。这些都有助于学生使用英语和体验英语。

2.巧妙处理语言错误策略

巧妙处理语言错误策略是指教师应树立正确的语言错误观，正确地看待学生表达中出现的错误，在不同阶段、针对不同学生、按错误的程度区别对待语言错误，引导和帮助学生改错。教师要及时引导学生看到自己的进步并加以鼓励。许多研究表明，害怕错误的学生经常在口语练习中保持沉默，或在写作中机械地照抄课文原句，因此教师在纠错的过程中，要帮助学生树立自信心。

3.练习方式活动化策略

练习方式活动化策略是指英语教师要有目的地设计语言表达练习活动，为学生使用英语提供真实的条件和机会，而不是依靠单纯的机械式重复掌握固定表达。英语教师可以通过组织英语类型游戏、英语活动演出、英语演讲比赛等活动，帮助学生使用在课堂之外学习到的语言知识和信息。

（三）词汇与语法教学法

美国著名外语教学专家罗杰·布朗曾指出，词汇和语法的掌握在外语习得中具有十分重要的作用，它们不仅在语言课堂教学中发挥着重要作用，而且能加快学习的进程，帮助学习者达到较高的语言水平。在大学英语教学中，词汇与语法教学将提高学生的外语交际能力作为教学的主要目标。

1.完整步骤化教学策略

完整步骤化教学策略是指英语教师在开展语言形式（词汇与语法）教学活动的过程中，应设计一系列完整、有步骤的教学活动。在这些步骤的指引下，学生逐渐掌握语言知识，最终达到合理运用语言形式进行交际的目的。该策略的运用将引导学生从"不知""知之"到"用之"的过程。

2.训练有效记忆策略

训练有效记忆策略是指英语教师在进行词汇教学时，应有意识、有目的、有技巧地引导学生运用相关记忆方法和手段提高记忆效率、记住更多词汇表达的方法。通过进行记忆训练，学生能在原有词汇储备的基础上进行相应的拓展。

3.整理归类、区别对待策略

整理归类、区别对待策略是针对词汇教学来讲的，具体是指教师在词汇教学过程中要区分主动性词汇和被动性词汇，应采取不同的教学方法，对学生提出不同的学习要求。教师应引导学生对词汇进行适当分类，按同类的转化、派生，以及一词多义、一义多词、近义词、反义词等帮助学生整理词汇，达到巩固的目的。在词汇较多或复习词汇阶段，运用该策略可以帮助学生在大脑里建立词汇间相互多重联系，以巩固和加深记忆。

4.比较概括策略

英语教师在教授英语语法的过程中可以适当使用比较概括策略。该策略是指英语教师要适时对学生学过的语法现象进行分类、对比、归纳和总结，如可借用图表制作、讲故事等方式对语法知识进行总结，以加深学生对语法知识的理解、记忆和掌握，提高学生的语法应用能力。

第五章　大学英语教学评价创新发展

第一节　英语教学评价内涵解析

一、教学评价的定义

要想理解教学评价，首先需要理解"评价"这一概念。"评价"是由拉尔夫·泰勒首次提出的。关于评价的定义，学者观点各异。然而，自从"评价"这个概念被提出之后，一些学者就开始区分"评价"和"测试"的不同之处。在一些学者看来，评价是人类认知活动的一个特殊组成部分，它可以揭示世界的价值观，并对其进行创造和构建。

将"评价"的理念应用于教学领域，就演变为"教学评价"。关于教学评价，中外学者的看法因人而异，但总的来说，可以概括为以下四种观点。需要注意的是，这四种观点都存在一定的不足之处。

第一种观点认为，教学评价作为一种系统化的信息搜寻过程，旨在协助利用者恰当地选择合适的教学方法。此种观点的优势在于强调了教学评价在决策方面的重要性，但可能导致人们误认为教学评价与教学研究是同一概念。实际上，它们之间存在显著差异，主要表现在研究目的和价值取向上。从研究目的来看，教学研究关注结论的获取，而教学评价则关注实践的指导；从价值取向来看，教学研究旨在探求真实知识，而教学评价则追求实用价值。

第二种观点认为，教学评价是一种将实际表现与理想目标进行比较的历程。教学评价作为一种对实际成果与期望目标进行对比的过程，强调评价内容和方法在现实与预期之间的比较，具有一定的合理性。然而，这一观点过于关注教学成果的评估，而忽略了教学过程的重要性。因此，这种评价观念相对过于宽泛，使评价者难以明确评价内容的优先级，因而并非理想的教学评价定义。

第三种观点认为，教学评价等同于专业判断。将教学评价视为专业判断的观点考虑到了评价者主观性的影响，认为教学评价旨在区分优劣。然而，这一观点同样失之偏颇，因为教学评价不仅关注优劣的判断，还致力于寻找影响教学工作开展的各类要素，以便为教学实践提供指导。

第四种观点认为，教学评价等同于教学测验。这种观点是基于当前学者在教学测验辅助下形成的认识。然而，教学评价与教学测验在本质上有所不同，因此将教学评价等同于教学测验是错误且片面的。主要有两个方面的原因：一方面，教学测验主要关注数量统计，强调量化，而某些教学事实（如学习者的情绪态度等因素），无法进行数量统计，这样就无法将其教学评价称为教学测验。这与教学评价的定义相悖，因为教学评价不仅关注数量分析，还涉及对事物本质的探讨。另一方面，教学测验主要关注对教学现状的描绘，以期获得有意义的信息，而教学评价则强调对教学情境的解释和评估。这两种观点都有一定的合理性，但也存在不足之处。

为了更准确地界定教学评价，本书结合以上观点，将教学评价定义为：是一个以教学为核心对象的过程，是从教学规律、目的和原则出发，利用有效的技术和工具来对教学对象和目标进行价值评估的过程。这一表述有助于人们更深入地理解教学评价的内涵和重要性。

二、教学评价的功能

（一）预测功能

预测功能是指根据评价对象的阶段评定来分析、观察和预测其发展的趋势。使用预测功能需要获得尽可能多的数据和事实，据此筛选可供评价的因素并对其进行科学分析和逻辑推导。在通常情况下，传统的教学评价将评价的侧重点放在对评价对象现状的、定量的、表面的描述上，不太注重对评价对象未来的发展方向和发展趋势的预测。在教学中，如果想对学生未来的发展情况进行预测并根据预测结果为学生的发展提供恰当的建议，就要充分发挥评价的预测功能，就必须收集、掌握评价对象的各项相关信息。此外，要使用科学的评价方法（如诊断性评价、综合性评价等），从而达到精准的预测效果。

（二）导向功能

1.引导教学发展与国家政策要求保持一致

教学评价的导向功能突出体现在其可以引导学校教育教学工作的开展符合国家教育政策的要求，无论是学校还是教师，都能按照国家教育方针政策的规定组织和开展教学活动。例如，学校要根据国家对学生德、智、体、美、劳全面发展的要求来把握教学与评价的内容，以科学的教育理念为指导，明确办学的方向；学校和教师要意识到教学活动开展的目的不仅是传授给学生一定的知识和技能，更是培养他们的道德品质，训练他们的坚强意志，增强他们的社会责任感，使他们能成长为有思想、有素质、有知识、有能力的人。

2.为教学与学习指明发展的方向

教学评价的结果直接影响教师接下来的教学计划和学生未来的学习规划。但在实际的教学中，教学评价对教学计划与学习规划的指导作用并没有引起人们的足够重视。学校需要构建科学、全面的教学评价体系，使教学评价充分发挥为教师和学生明确全面发展目标的功能，引导教师和学生通过实现阶段性目标，最终达到整体目标。这也意味着教学评价必须发挥正确的导向功能，一旦这种导向出现偏差，那么教师教学与学生学习的方向也会随之偏离正确轨道。

（三）诊断功能

诊断功能可以说是教学评价最基本的功能。教学活动由教师的教学和学生的学习两部分组成，因此教学评价的诊断功能也包括两方面的内容，即对教师教学效果的诊断和对学生学习效果的诊断。具体来说，教师是教学活动的组织者和开展者，如果不对教师的教学效果进行评价，就不能诊断教师的教学水平和教学质量，就不能全方位地判断教师所采用的教学方法、教学技巧是否合理。另外，全面的教学评价工作还可以判断教师与学生的关系是否融洽、学生对教学活动的开展是否有良好的体验。对于学生来说，全面的教学评价工作不仅能判断其学习效果是否达到教学目标的要求，还可以通过评价进一步分析其学习效果欠佳的原因，如教学环境、教学方法、教学内容等哪方面的因素是影响学生学习效果的主要因素。

（四）激励功能

教学评价对评价对象具有激励功能，即评价能够激发评价对象的情感、斗志、精神。具体来说，教学评价的激励功能可以从其对教师的激励和对学生的激励两方面体现出来。

1.对教师的激励功能

教学评价对教师的激励功能表现在以下三个方面：

首先，教学评价可以为教师的教学决策提供必要的反馈信息。教师可以从多个角度获得反馈，包括自我评价、学生评价及教务人员对教师的评价。通过这些信息，教师可以理解自己在设计和组织教学活动中的优势和不足。这种信息反馈可以激发教师更深入地反思教学活动，找到问题产生的原因，并寻找解决问题的策略和途径。

其次，教师可以从评价学生的过程中了解学生的学习难点、进度和兴趣。

这种信息反馈可以帮助教师了解学生的学习需求，以便在教学中有针对性地调整和优化教学内容和方法。例如，如果教师发现一部分学生在某一知识点上存在理解困难，教师可以重新设计教学活动，使用更多元化的教学方法来帮助学生理解和掌握这一知识点。

最后，教学评价可以激励教师利用多元化的评价工具来全面了解学生的学习情况。通过观察学生的日常表现、阅读学生的学习反思、查阅学生的测试成绩等方式，教师可以更加全面、深入地理解学生的学习状况。这些信息将激发教师更有针对性地进行个别化指导，实现因材施教。

2.对学生的激励功能

教学评价同样具有对学生的激励功能。通过及时且全面的反馈，学生可以了解自己的学习情况，包括学习的优点和需要改进的地方。这种反馈既可以来自教师，也可以来自同学或者学生自己的自我评价。无论是哪种形式的反馈，都可以帮助学生更好地理解自己的学习状况，更加明确自己的学习目标。通过这种方式，学生可以了解自己在哪些方面做得好，应该保持下去，同时可以了解自己在哪些方面存在不足，需要加以改进。这样的反馈信息可以激励学生积极面对自己的优点和不足，积极调整自己的学习策略，以达到更好的学习效果。例如，学生发现自己在一些题目上正确率不高，他们就会有动力去寻找解决问题的方法，如寻求教师的帮助、查阅相关的资料，或者和同学们一起讨论等。

三、教学评价的类型

根据不同的分类标准，英语教学评价可以分为不同类型。按照评价功能进行分类，英语教学评价可以分为形成性评价、诊断性评价、终结性评价；按照评价标准进行分类，英语教学评价可以分为相对评价和绝对评价；按照评价表达进行分类，英语教学评价可以分为定性评价和定量评价。

(一)按照评价功能分类

1.形成性评价

1967年,美国评价学专家迈克尔·斯克里芬在其著作《评价方法论》中提出了形成性评价的概念,随后美国教育家本杰明·布卢姆将形成性评价用于教育评价的实践,使之成为教学评价的一种类型。布卢姆认为,形成性评价就是在课程编制、教学和学习的过程中使用的系统性评价,这种系统性评价能够改进以上三种过程的具体操作,因为形成性评价的目的就是发现教学活动中存在的问题,并为日常教学活动提供反馈信息,以便教师及时修改问题、调整活动,从而取得更好的教学效果。

2.诊断性评价

诊断性评价也称为"教学前的评价"。在教学活动开始之前,教师要想设计出符合学生特点的教学方案,必须对学生现有的知识、技能、学习动机、学习中易出现的问题等学习情况有一个基本的了解。教师可以通过多种方法和途径获悉这些情况,而诊断性评价是最常用的方法之一。根据以上分析可知,诊断性评价是指在一门课程或一个学习单元开始之前,教师对学生所具有的认知能力、情感能力和专业技能等方面的学习条件展开的评价。开展诊断性评价的目的是促进学生的学习,而诊断性评价促进学生学习的方式就是为学生制定适合其自身学习特点的发展目标和方案。

3.终结性评价

终结性评价也称为"教学后评价""总结性评价",它是在某个相对完整的教学阶段结束后,针对整个教学目标实现程度做出的评价。例如,学期末或学年末各个学科专业的考试、考核。下面本书将论述终结性评价的作用、特点和实施方式。

(1)终结性评价的作用。终结性评价的主要作用在于评估学生在一个完整的学期或学年中对所学知识的理解和掌握程度。它通过各种形式的考核,如笔试、口试、实验、实践等,全面考查学生的知识、技能和素质,为教师和学生提供一个全面、准确的反馈，有助于教师了解学生的学习情况，对下一个阶段的教学做出相应调整。

同时，终结性评价也是对教师教学工作的一种评价，它可以反映教师的教学方法和效果，以及是否达到教学目标。教师可以根据这种评价结果，反思自己的教学方法和策略，寻找教学的不足和改进的空间。

（2）终结性评价的特点。终结性评价的主要特点是全面性和系统性。全面性是因为它不仅评价学生的知识和技能，还关注学生的态度、习惯、兴趣、创新能力等方面；系统性是因为它不是单独看待某一个知识点或技能，而是评价学生对整个学期或学年学习内容的掌握程度。另外，终结性评价具有一定的权威性和严肃性，通常由学校或教育部门组织实施，并且结果往往会对学生的升学或就业产生重要影响。

（3）终结性评价的实施方式。实施终结性评价的方式多种多样，包括笔试、口试、报告、项目、实验等。这些方式应根据学科的特性和学生的实际情况加以选择，以保证评价的公正和有效。例如，笔试适用于评价学生的知识理解和应用能力，口试可以评价学生的语言表达能力和思维能力，报告和项目可以评价学生的研究能力和创新能力，实验则可以评价学生的实践能力和操作能力。

（二）按照评价标准分类

1.相对评价

相对评价是指在被评价对象的集合中以一个或若干个个体为基准，然后把各个评价对象与基准做比较，确定每个评价对象在集合中所处的相对位置。例如，教师在分析班级学生的个人成绩时，可以选取班级学生的平均成绩作为基准，通过对比学生的个人成绩和平均成绩，就能了解学生的个人成绩是高于平均水平还是低于平均水平。相对评价方式存在一定缺陷：评价的基准会随着群体的差异而发生变化；评价的标准倾向对最终教学成果的呈现，没有考虑教学目标的引导作用，不能充分反映教学上的优缺点，不容易为改进教学提供依据。

2.绝对评价

绝对评价是指在被评价对象的群体之外设定一个标准，这个标准也称为客观标准。在进行绝对评价时，需要以客观标准为基准判断评价对象的优劣。绝对评价的标准一般是教学大纲以及由此确定的评判细则，不会受评价对象个体或集体水平的影响，因而比较客观。由于评价标准客观、通俗，因此每一个被评价对象都能明确自己与客观标准的差距，进而为下一阶段的学习设定目标。但是，绝对评价方式也不是完美无缺的，最明显的缺陷就是客观标准容易受评价者原有经验和主观意愿的影响，因此很难做到真正的客观。

（三）按照评价表达分类

1.定性评价

定性评价是一种基于"质"的分析，运用逻辑分析的方法，如分析和综合、比较和分类、归纳和演绎等，对评价所得的数据和资料进行思维加工。与定量评价相比，定性评价更注重过程和元素之间相互关系的动态分析，而不只是对成果或产品的检验分析。

在教学评价中，定性评价可以帮助教师更好地理解学生的学习过程和思维方式。例如，通过对学生的观察、访谈或个案研究，教师可以深入了解学生的学习动机、学习策略、学习困难等，从而进行更有针对性的教学设计和干预。此外，定性评价有助于发现和挖掘学生的个体差异和潜力，鼓励学生进行探究和创新。需要注意的是，定性评价的主观性较强，评价结果可能受到评价者主观因素（如价值观、经验等）的影响，因此在实施定性评价时，需要控制这些可能的影响，以确保评价的公正和准确。

2.定量评价

定量评价是从"量"的角度进行评价，通常运用统计分析、多元分析等数学方法，对复杂的评价数据总结出规律性的结论。定量评价可以有效量化学生的学习成果，如成绩、作业完成情况、参与度等，并且可以对这些数据进行系统分析，从而掌握学生的学习趋势和问题。

由于教学涉及人的因素，各种变量及其相互作用关系复杂，因此在进行定量评价时，需要先通过定性评价来明确评价的方向和范围。这样，定性评价和定量评价可以相互补充、相互影响、相互促进，形成一个全面、深入的教学评价。单纯的定量评价的局限性在于它往往忽视了学习过程中许多非量化的因素，如学生的学习动机、兴趣、态度等。此外，过分依赖定量评价可能导致"教学性测试"，影响教学的全面性和平衡性。

第二节 英语教学评价创新的必要性

现阶段，各个学科的教学改革正在如火如荼地进行，英语教学也不例外，教学评价作为教学的重要组成部分，自然也是教学改革的关键环节之一。具体来说，之所以要进行英语教学评价的改革创新，主要出于两个方面的原因：一方面是英语教学评价对英语教师的教学工作和专业发展具有重要意义；另一方面是英语教学评价对学生的全面发展意义重大。

一、对英语教师的意义

（一）获取学生反馈，调整教学计划

在教学过程中，及时获取必要的反馈信息，对于英语教师而言具有重要意义。首先，通过对学生表情、眼神和练习正确率等方面的观察，教师可以更加准确地了解学生的掌握程度和理解情况。这样的信息反馈有助于教师实时调整教学方式，确保学生能够跟上教学进度，避免因信息不对称而导致学生落后或困惑。其次，基于反馈信息，教师可以发现潜在的教学问题，并及时进行针对

性改进。例如，当发现学生在某一语法知识点上出现普遍应用困难时，教师可以重新设计教学方法，采用更易于理解的讲解方式，以帮助学生攻克难关。这样的教学调整有利于提高课堂效率，让学生更好地掌握英语知识。

（二）提高教学技能，增强教学效果

英语教学评价对于提高教师的教学技能具有重要意义。通过了解学生对自己的评价，教师可以发现自己在授课、组织课堂活动和互动等方面的优缺点，这些信息有助于教师明确自己在教学中需要提高和改进的地方，从而通过自我完善、参加培训等途径提高教学技能。同时，教学评价可以让教师了解学生对英语教学的期望和需求，使教师能够更好地满足学生的需求，提高教学效果。

（三）拉近师生距离，优化教学环境

英语教学评价对于拉近师生距离、优化教学环境有着重要作用。通过英语教学评价，教师能够及时了解学生的想法和感受，从而更好地理解学生，调整自己的教学方式和策略。这有助于建立和谐、亲切的师生关系，为学生创造轻松、愉快的学习氛围。而良好的学习氛围对于学生的英语学习具有积极的促进作用，有利于提高学生的学习兴趣和积极性，从而提高学生的英语学习成绩。

（四）积累教学经验，促进教学研究

教师的主要工作不仅是认真教学，还要脚踏实地地做好教学研究。如果教师只从事教学，而不展开研究，那么其教学就会缺乏推进力，教学水平也难以提高。而教学评价是研究教学的重要突破口。

1.教学评价可以为教师提供丰富的教学实践数据，这些数据对于教师研究教学方法的有效性和适用性具有极高的价值。教师可以根据对这些数据的分析和总结，挖掘成功的教学实践经验，以便在未来的教学中加以应用和推广。

2.教学评价有助于激发教师的教学创新。通过反思和分析评价结果，教师可以发现自己在教学过程中的局限性，进而激发教学改革的动力和创新精神。

这对于教师不断提升教学质量、促进教育教学改革具有积极意义。

3.教学评价有助于教师建立教学研究的目标和方向。通过教学评价数据，教师可以明确教学研究的重点，制订具体的研究计划，从而提高研究的针对性和实效性。

二、对高校学生的意义

（一）发现自身不足，及时进行改进

首先，英语教学评价对高校学生的重要意义主要体现在帮助学生发现自身的不足并及时加以改进。通过对课堂教学、课后作业、考试等方面的评价，学生可以更清晰地了解自己在英语学习中的薄弱环节和需要加强的领域。这种自我评估有助于学生及时调整学习策略，查漏补缺，从而提高学习效果。其次，教学评价可以让学生了解哪些学习方法和策略对自己更有帮助，从而进行有针对性的学习方法改进，提高学习效率。

（二）了解学习过程，改进学习方法

英语教学评价对于高校学生了解学习过程和改进学习方法具有重要意义。通过对课堂参与、课后练习、小组讨论等方面的评价，学生可以了解自己在学习过程中的表现，进而分析自己在学习程序上的优点和不足，这有助于学生根据自身特点调整学习方法，使其更加符合自己的实际需求。同时，教学评价还可以让学生对比不同的学习方法和策略，找到适合自己的最佳学习方式，从而更有效地提高英语水平。

（三）了解学习成就，获得学习动力

英语教学评价对于高校学生了解学习成就和获得学习动力具有重要作用。通过对学生的学习成果进行评价，学生可以清楚地了解自己在英语学习中取得

的进步和成就。这种认可和肯定有助于激发学生的学习动力和自信心，从而更加积极地投入英语学习中。而积极的学习态度对于学生学习英语具有重要的促进作用，有利于提高学生学习的积极性和主动性，从而提高学生的英语学习成绩。

第三节　英语教学教师评价创新

当前，很多高校仍然使用标准化的英语水平考试作为衡量英语教师教学成果和教学能力的唯一标准，然而这种做法并不是特别符合语言教学和语言学习的规律。根据语言学习的规律和科学的教学理念，现代信息技术可以设计出多种科学的测试方法，记录和分析学生学习的效果和掌握知识的情况，进而对教学成果做出科学评价。教学工作者可以利用多媒体和互联网信息技术，为英语教学提供快速、准确的信息反馈途径，进而为英语教师的教学工作提供科学的评价标准。

一、对教学目标进行评价

伴随英语教学目标的国际化发展趋势，对教学目标的评价就是要看高校英语教育教学工作者是否将以下内容作为英语教学的主要目标：培养学生的国际视角，开拓学生的国际视野，通过利用现代信息技术开展网络课程教学，帮助学生认识世界、走向世界。

除此之外，对教学目标的评价还要关注以下内容：英语教学工作者是否时刻关注本专业学科知识的更新以及本专业的学术发展动态，并通过适当引进国际化课程，为国际化人才的培养创造环境；是否注重学生学习能力和认知能力的培养；是否根据教育改革和教学发展的实际需求，适当调节英语各项技能培养在课程教学中的比例；是否以培养学生的跨文化意识和跨文化交际能力为最终目标。

二、对教学内容进行评价

对教学内容的评价主要看英语教学内容的设计是否科学合理。英语教学内容主要来源于根据教学大纲编制的教材，英语教材是课程教学内容的重点。英语教材本身有自己的学科知识体系，其体系结构完整、构建科学。然而，知识来源于生活，英语作为一门语言，更是与人们的日常生活息息相关。因此，评价教学内容就要看英语教学设计的内容是否与学生的生活实践息息相关，是否能引起学生的学习兴趣、培养学生的综合语言应用能力。

此外，对教学内容的评价还要看英语教学工作者在进行课程设计的过程中，是否考虑到了学生的身心发展特征、是否使课程教学内容符合学生的身心发展规律和语言认知规律。因为通过语言认知规律可以得知，语言教学工作的开展必须考虑学生认知水平的差异。根据学生的认知水平，英语教学工作者要采用不同的方法处理教学重难点，并适当采取分层教学方式，满足所有学生的英语学习需求，使每个学生的英语语言能力都能得到提升。

三、对教学环节进行评价

随着社会的发展和时代的进步，越来越多的高校开始重视对教师教学环节部分的关注与评价。为了更好地完成英语教学环节设计的工作，高校英语教育教学工作者要认真研究教学大纲和课程标准，了解各个教学阶段的教学目标和教学内容，使课程教学设计满足教学开展的要求，进而保证教学目标的实现。而要评价英语课程的教学环节，就要看教学环节的设计是否规范。

首先，要看在对每堂课进行设计时，英语教师是否明确了这堂课的教学目标，包括知识目标、技能目标、情感态度目标等；是否对本堂课教学内容中的重难点部分展开了科学、全面的设计，并安排好这部分的呈现方法、练习方法，能够突出教学重点，达到良好的教学效果。在教学模式和教学方法的选择上，英语教师是否根据本堂课的教学内容和学生的认知特点、学习心理选择了最合适的方法、模式。

其次，要看英语教师是否规范了课程教学的过程设计，教学思路是否清晰明了，教学环节之间的衔接是否过渡自然，教学活动的组织与设计是否既具备一定的灵活性，又符合一定的方法规范。

再次，要看英语教师所设计的课外活动、课外作业以及相关辅导活动是否遵循一定规范，即不能完全按照教师的喜好随意设计。

最后，要看教案的书写和作业的批改是否符合一定规范。教案书写的规范化不仅要体现为内容的规范化，还要体现为形式的统一化。作业批改的规范化则主要表现为作业批改内容、形式、次数上的统一。

四、对教学模式进行评价

伴随高等教育改革的逐步深入，采用多层次的教学模式开展教学活动已经成为广大教育教学工作者努力的方向。因此，对英语教学模式的评价要看教师是否在认识论、本体论等语言学习理论和教育学理论的指导下，以学生为中心，创建了开放的学习环境，采用自主式、合作式等多元化的教学模式来设计英语课程；是否随着时代的前进和专业学科理论的发展，积极借鉴其他相关学科的先进设计理念，丰富本学科课程设计的理论研究和设计模式。因为事实证明，不仅社会学、语言学、教育学、心理学等一级学科对英语教学模式的发展具有指导意义，教育心理学、认知心理学、跨文化交际学等跨学科理论的研究内容也对英语教学模式的发展起到积极的作用。

五、对教学手段进行评价

随着多媒体技术与计算机技术的快速发展以及互联网的普及应用,现代教育技术作为一种先进的教学手段,已经被广泛应用于英语教学的设计。因此,要评价英语教师的教学手段,不仅要看英语教师是否掌握传统的教学手段,还要看英语教师是否能够使用多媒体等现代化教学技术优化教学过程、提升教学效果;同时,只是简单的图片、文本、动画或音视频应用已无法满足现代教学工作的目标与教学实践的需求,因此还要看英语教师是否运用图像的采集与处理技术、动画制作技术、数字视频处理技术、数字音频处理技术等现代化技术手段设计网络课程,是否熟练地运用这些技术手段来呈现教学知识,把学习过程可视化,以达到更好的教学效果。

六、对教学实践能力进行评价

(一)沟通交流能力

现代教育教学理论已经不再把教学看成知识输出和接受的过程,而是师生之间交流和对话的过程。所以,国内有学者提出"教育即交流"的命题,认为教育的过程实质上就是师生沟通的过程。在日常教学中,同一堂课,相同的教学内容,面对相同的学生,有的教师把握起来得心应手,有的教师的课堂却死气沉沉,其主要原因是教师的沟通能力存在差异,无效或低效的沟通直接影响了教师的教学效能。因此,沟通交流能力是评价英语教师教学实践能力的重要组成部分。

(二)教学设计能力

面对一个特定的教学任务,教师如何组织教材、如何设计教学程序、采用何种教学方法和技术来展开教学显得尤为重要。好的课堂设计可以使课堂教学跌宕起伏、妙趣横生，可以紧紧抓住学生的注意力，激发学生求知的欲望。教学设计能力的高低与操作性知识的多少是密不可分的。但是，操作性知识丰富并不意味着教学设计能力强。英语教师要有意识地加强有关教学设计的研讨，不同的教学设计理念、不同的教学活动的选择、不同的教学媒体的运用都会在很大程度上影响教学效果，以及学生英语能力的习得、巩固和提升。

（三）教学监控能力

一堂课能否顺利展开、能否取得预期的教学效果，不仅有赖于教师的沟通能力和教学设计能力，而且与教师的课堂管理能力密切相关，按照北京师范大学心理学教授林崇德先生的说法，课堂管理的能力就是"教学监控能力"。林崇德先生认为，教学监控能力是教师的核心能力。在一个有几十名学生的教学班，没有很强的课堂监控能力而要实施有效的课堂教学几乎是不可能的。如何有效地推进各种教学活动、如何确保各类学生在学习过程中都在各自的起点上取得应有的进步、如何确保小组合作学习有效实施等都需要英语教师有很强的能力去掌控。其实这种教学监控能力是一种综合能力的体现，它没有明确的章法可以遵循，运用之妙，存乎于心，但是要做到随机应变、游刃有余确非易事。

七、对学习能力进行评价

伴随时代的发展，教学思维与教学模式的固化都会导致教学实践停滞不前，无法为教学活动注入新鲜的血液，进而导致教学无法满足学生个人发展的需要和社会建设的需要。这种情况之于教师本身来说也是如此，学习如逆水行舟，不进则退，教师只有不断更新自身的教学知识体系，才能不断进步，不被时代所淘汰。因此，评价教师的学习能力是评价教师综合工作能力的重要指标之一。评价教师学习能力的标准方面如图5-1所示：

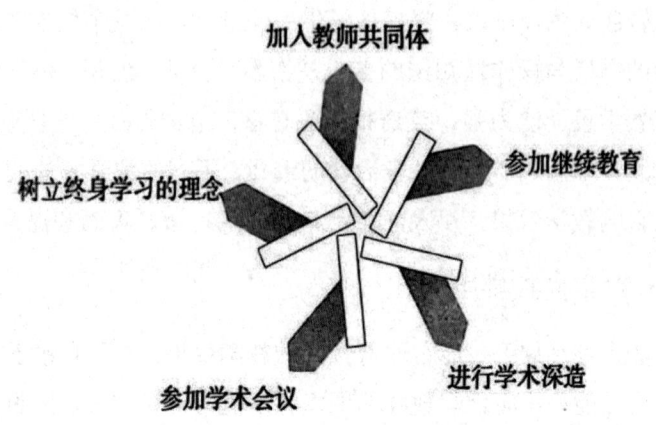

图 5-1　评价教师学习能力的标准方面

（一）看教师是否通过教师共同体进行学习与提升

1.教师共同体的概念

教师共同体是指为了促进教师的专业发展，教师群体本着合作、互助、共享、开放、发展的理念，以教学经验的交流与教学互助为主要内容组建而成的教师团体组织。

2.教师共同体的作用

教师共同体的成员组成以教育者为主，成员可以通过教师共同体学习教育理论，交流教学经验，探讨教学问题。此外，教师共同体还具有一定的社会影响力，可以维护教师权益，为教师进行学习与自我提升创造更多有利条件。具体来说，教师共同体的主要作用包括以下四个方面：

第一，方便教师之间的交流。在教师共同体中，教师可以打破学科与教学环境的限制，自由进行互联网英语教学经验的交流与分享，共同分析并解决教学过程中遇到的问题，从不同的角度、不同的实践经验、不同的教学经历针对某一教学话题进行讨论，从而有利于开拓教师的教学思维，帮助教师从多角度认识教学活动，以及采取灵活的教学方式应对实践中出现的问题。

第二，帮助教师自主提升专业发展水平。教师共同体是教师自愿组成或加入的，没有外界的强制性要求，因此加入教师共同体是教师个体的一种具有很强积极性的主动行为。不同的教师共同体具有自身独特的风格，同一教师共同体中的成员往往在很多方面具有相似性，如教学理念、教育方式、教育技术等。具有相似品质的个体之间的交流会变得更加流畅、顺利，教师也会对该团体更有归属感，这样一来，会使教师形成心理活动与实践活动的良性循环，帮助教师自主提升专业发展水平。

第三，有利于网络教学资源的即时共享。教师共同体的另一个重要优点就是信息资源的共享。优秀的教师共同体同时是一个蕴含丰富智慧与庞大信息量的平台，教师在其中分享自身关于教学的种种观点，同时分享自己掌握的关于网络教学的相关信息。这种由大量个体之间分享信息资源的方式可以保证信息资源更新的即时性，让教师可以在第一时间接触新的政策、新的教学方式、新的教育技术等。

第四，为教师提供学习的平台。教师共同体还可以通过引入教育领域的专家与其他优秀教师的方式，引导他们分享使用信息技术开展教学活动的经验，进而从更加专业的角度分析教学活动，为教师的自我提升提供更多的学术和理论支持，提升团体内教师使用信息技术开展教学的专业水平，促进团体内教师的共同发展。

（二）看教师是否通过继续教育进行学习与提升

进入工作岗位并不意味着教师学习阶段的结束，教师应该树立终身学习的观念，既当"教师"，又当"学生"。教师通过学习不断提升自身的信息素养和教学素质，这既是教师实现专业发展的要求，也是国家教育事业发展的需要。

当今互联网时代的显著特点之一就是信息和知识的更新速度加快，新的教学理念与教学方式不断产生、更新，加之英语教育政策的不断调整，英语教师在学校中学到的信息技术知识不可避免地会面临过时、老化、不符合现代教学实践等问题。因此，教师应当保持学习的心态，不能满足现有的知识体系，不能禁锢在固有的教学模式中，要勇于探索和学习新的信息技术知识，并付诸实践。

教师的学习途径总体分为两个方面：其一，自我学习与提升，这需要教师拥有充分的自我发展意识；其二，教师继续教育制度下的一系列教师培训活动。让教师接受继续教育需要整合各类教育和社会资源，相关教育部门、综合类大学、师范类院校以及教育团体或组织需要相互沟通、相互协调、相互配合，实现信息与资源共享、教育与学习联动，进而提升教师在互联网时代背景下的教学能力。

作为教师的工作单位，教师所在的学校应该重视教师的继续教育工作，充分发挥其教育资源整合的作用，合理制订教师培训计划，并将其规范化、制度化，确保每位教师享有平等的培训机会。部分学校存在不重视教师继续教育的现象，认为教师的本职工作是教学，以教师现有的能力，能够负责该学习阶段学生的教学工作即可。这些观念显然是错误的，首先，时代是不断变化发展的，教育工作也应紧跟时代步伐，不断变革与创新。其次，正所谓"磨刀不误砍柴工"，教师接受继续教育的目的是不断提升教师的专业素质，以适应中国教育的不断发展。教师在继续教育的过程中可以学习和掌握最新的教育技术与教育方法，然后与实际教学相结合，将这些技术和方法运用到英语教学活动当中，从而有效地提升教学效率，促进信息技术与英语教学的融合与应用。

（三）看教师是否通过学术深造进行学习与提升

信息全球化和教育国际化的发展，加上各国在政治、经济、文化等方面的合作与交流，使出国学习、交流的政策不断放宽，出国的手续办理也越来越简便，再加上英语教师本身具有的英语语言优势，有利于英语教师在国外学习和生活，因此，对于英语教师来说，出国进行学术深造已经不是一件遥不可及的事。

与此同时，学校的财政资助也为英语教师进行学术深造提供了必要保障，对英语教师的长期发展和进步来说意义非凡。学术深造有助于英语教师在进一步提高自身专业知识的同时，了解相关学科的发展情况，涉猎新的研究专业和研究领域，拓宽研究视野，更新教学理念，深入体验和研究英语民族的文化，提升学术水平和信息素养。

（四）看教师是否通过学术会议进行学习与提升

定期参加专业学科的学术会议是提升高校英语教师信息素养和教育技术的重要途径。与英语专业学科发展和信息技术教学研究相关的学术会议为高校英语教师之间的沟通交流与共同发展提供了良好的平台。来自世界各地的英语学者在学术会议上集聚一堂，自由阐述自己的学术成果，与同行分享自己的信息技术教学研究经历，各抒己见，百家争鸣。在论述和汇报过程中，英语教师的专业知识水平和信息技术教学认知水平得以提高。

除此之外，学术会议上资源丰富，形式多样，电子会议、视频会议、电子公告板、网上论坛等形式的交流手段更是为英语教师获得学术信息和资源提供了便利。因此，经常参加学术交流不仅可以加深教师对信息技术教学理论的理解，还能明确互联网英语教学发展的方向。

（五）看教师是否树立了终身学习的理念

经济全球化、文化多元化和互联网信息技术的发展，为知识的获取和信息资源的流通提供了便利条件，基于这种发展现状，教师要进一步确立终身学习的理念，通过不断地学习丰富自己的信息技术知识，提升自己的信息素养和信息化教学能力。学无止境，尤其在这样一个信息和技术更新换代速度非常快的时代，不学习新知识、新理念和新技术，就会落后，就会被淘汰。除此之外，教师职业的特殊性也要求教师树立终身学习的理念。教师每天要面对的对象是学生，学生接受新思想、发现热点问题的速度很快，因为他们会使用手机、平板电脑等各种智能设备，非常关注各类信息的变化，因此，如果英语教师不积极利用互联网信息技术上网更新自己的知识储备和信息素养，就会跟不上高校学生的认知动态和思想变化，就不能理解他们的关注点和兴趣点，因而就不能与学生进行顺畅沟通，不利于教学活动的开展和师生感情的培养。

第四节　英语教学学生评价创新

一、评价主体多元化

传统的教学评价活动通常是由教学工作的管理者组织并开展的，学生甚至教师往往处于评价活动之外。在当今这个时代背景下，无论是对教师教学活动的评价还是对学生学习行为的评价，都应该让学生参与其中。因此对学生评价主体的设计应体现多元化的特征，不仅要包括教师对学生的评价，还要包括学生的自我评价、学生之间的相互评价以及网络教学系统对学生的评价等方面。

（一）教师对学生的评价

教师对学生的评价分为可量化的内容和激励性的内容两部分。课堂表现、第二课堂活动表现、随堂测试、单元测试是可以量化的。对学生的口头评价、书面评语等则主要涉及学生的情感态度、学习策略等，起到警醒、建议或激励的作用。

（二）学生的自我评价

学生的自我评价是指学生对自己在某一阶段的学习表现进行评价。例如，学生可以通过电子日志的形式记录自己在学习过程中的心路历程、对学习计划的执行度和完成度、在学习中遇到的困难和解决办法、对学习成果的总结和反思等。

（三）学生之间的相互评价

学生之间的相互评价不是随心所欲地进行评价，相反，在开始评价之前，教师要制定科学的评价标准，严格控制，规范操作，避免流于形式，否则可能导致学生之间出现拉帮结派、搞人际关系的不良作风。与此同时，教师要引导学生正确地认识他人对自己的评价，不能只接受好的评价，拒绝真诚的、需要自己改正错误的评价。

（四）网络教学系统对学生的评价

学生利用网络教学系统开展学习、练习和在线测试，在这一过程中，网络教学系统可以针对学生的学习行为展开评价。网络教学系统对学生的评价具有客观、高效的优点。教师应当熟练掌握网络教学管理平台的操作，事先设定好评价的内容和规则，充分发挥网络教学系统激励学生学习的作用。

二、评价内容多元化

传统的教学评价更注重对学生学习效果的评价，特别是对英语语言知识掌握情况的评价，而忽视了对学生英语语言技能、跨文化交际能力以及其他英语综合运用能力的评价，更缺乏对学生情感态度、学习策略和意志品格的评价。针对上述问题，多元评价教学体系将评价内容设定为对学生智力因素的评价和非智力因素的评价。

对学生智力因素的评价内容主要包括英语知识、英语综合应用能力、跨文化交际能力的评价。其中，英语知识主要是学生在课堂教学中学到的知识，包括英语语音知识、英语词汇知识和英语语法知识；英语综合应用能力包括英语的听、说、读、写、译技能；跨文化交际能力是指处理跨文化交际实践过程中出现的各种文化问题的能力，如文化差异、文化意识、文化态度、文化情感等问题。在实际的跨文化交际活动中，跨文化交际能力表现在交际的得体性和有效性方面。首先，交际的得体性是指跨文化交际参与者的言行符合目的语文化的价值观念、行为模式和社会规范。其次，交际的有效性是指跨文化交际参与者能够实现自己的交际目标，达到交际的目的。总之，跨文化交际能力具有内在性，可以由参与者根据自己的观念意识进行知识输入、技巧输入，然后下达交际命令，完成交际行为。

对学生非智力因素的评价内容主要包括学习策略、意志品格和情感态度的评价。其中，学习策略主要包括认知策略、元认知策略、记忆策略等；意志品格主要包括学习过程中遇到困难时的坚定意志和不会轻易放弃的信念；情感态度包括学习英语和用英语参与跨文化交际活动的真实情感和正确态度，如学生要想提高自己的跨文化交际能力，就必须了解自身的情感态度。

因为人们在与不同文化背景下的人进行沟通时，往往会有一种由预先印象或文化定式所造成的情感态度。这些交际前的态度给交际活动参与者戴上了有色眼镜，使其不能如实评价对方的交际行为给自己带来的感受，甚至对对方的言语行为产生误解。如果参与者能提前意识到一点，就能在很大程度上克服先入为主的消极情绪，从而减少负面情绪对交际的影响，体验跨文化交际活动带给自己的真实感受。

三、评价形式多元化

评价内容的多元化决定评价形式的多元化。不同的评价内容需要采用不同的方式进行评价。例如，要评价学生对英语基础知识和英语技能的掌握情况，就可以采取形成性评价的方式，利用随堂测验、单元测验、计算机辅助听力测试、口语测试、英语技能竞赛采集学生的成绩数据，形成评价结果。而如果要评价学生的非智力性因素，则可以采取电子档案式评价方法采集教师的书面评语、学生之间的评语和教师对学生的阶段性建议，或者采用定性的方法将评价结果纳入量化的范围。如果要同时评价学生的英语基础知识和语言综合应用能力，则可以采取终结性评价方式，这种评价方式一般通过期中和期末考试进行。

四、深度挖掘学生需求

网络技术、大数据技术等现代信息技术有利于学生在教学评价平台与教师、同学进行充分的交流与沟通，表达自己的想法，提出自己的意见，充分体现学生在教学活动中的主体地位。教师可以在评价平台上了解学生对教学活动最真实的看法，归纳和总结学生反映的问题类型，深挖学生学习的难点和感兴趣的知识内容。通过数据的计算和系统的分析，教师可以更好地了解学生的学习动机、学习需求，进而为激发学生的动机、满足学生的需求设计不同种类、不同内容、不同特点的教学活动，从而提高教学水平，促进学生成长与进步。

五、积极邀请家长参与

家长的参与和支持是促进互联网时代英语教学发展的重要影响因素。在现代信息技术的支持下，教育教学工作者可以邀请家长参与学生在线课堂的学习。教师通过计算机或者手机应用将学生上课的画面分享给家长，家长便能清晰地看到学生参与在线教育的真实情况。与此同时，教师还可以将教学视频上传到云端上的公共班级空间，家长可以进入空间进行观看与学习。除此之外，当前网络视频教学模式的兴起使很多教师选择通过直播的方式讲授英语知识与文化，在这种情况下，家长可以选择和孩子一起观看直播，相互学习、相互监督、共同进步。

参 考 文 献

[1]黄煌. 跨文化交际视角下大学英语教学范式的创新发展研究[J]. 校园英语，2023（45）：25-27.

[2]常霄，周婷. 大学英语教学理论与词汇教学融合发展探究：评《信息化背景下高校英语教学创新研究》[J]. 外语电化教学，2023（5）：98.

[3]秦丹雪. 当代大学英语教学方法创新与实践发展探究：评《大学英语教学方法理论与实践新探》[J]. 人民长江，2023，54（7）：248.

[4]陈煊. 大学英语教学与信息技术的整合发展探究：评《信息化背景下高校英语教学创新研究》[J]. 外语电化教学，2023（3）：111.

[5]田依婧. 基于时代发展创新英语教学理念与实践：评《大学英语教学实践探索》[J]. 中国高校科技，2023（5）：107.

[6]陈秩忻，谷远洁. 线上信息传播时代大学英语移动教学平台改革策略：评《高校英语教学模式创新与发展研究》[J]. 新闻爱好者，2023（3）：118.

[7]彭洵. 我国大学英语教学现状及模式创新：评《大学英语教学的发展：思考与创新》[J]. 中国教育学刊，2023（3）：155.

[8]高燕. 大学英语教学在传媒信息时代的发展与创新[J]. 校园英语，2023（3）：16-18.

[9]臧庆. 当代中国大学英语教学现状及模式创新：评《大学英语教学的发展：思考与创新》[J]. 中国教育学刊，2022（11）：123.

[10]赵慧敏. 大学英语混合式教学在新媒体时代的创新发展：评《新媒体与大学英语教学的融合及应用探究》[J]. 中国教育学刊，2022（5）：112.

[11]王洪宁，陈佳. 基于OBE理念的大学英语教学模式改革与创新：评《大学英语教学模式改革与发展研究》[J]. 热带作物学报，2021，42（12）：3751.

[12]张晓瑜. 智慧课堂在大学英语课堂教学中的应用与创新发展[J]. 黑龙江工业学院学报（综合版），2021，21（12）：131-135.

[13]汪露. 基于跨文化视角的大学英语教学研究：评《大学英语教学的跨文化交际视角研究与创新发展》[J]. 中国高校科技，2021（10）：29.

[14]贾娜. 全面探讨大学英语教学的创新与发展：评《大学英语教学的发展：思考与创新》[J]. 热带作物学报，2021，42（5）：1514.

[15]侯玉亭. 大学英语教学在新媒体时代的发展与创新[J]. 校园英语，2021（14）：68-69.

[16]张卢桂. 大学英语"线上+线下"混合教学模式探究：评《大学英语教学的发展：思考与创新》[J]. 中国教育学刊，2020（10）：112.

[17]宋雨晨，黄勇. 全面探讨大学英语教学的创新与发展：评《大学英语教学的发展：思考与创新》[J]. 外语电化教学，2020（4）：115.

[18]宣泠，龚晓斌. 大学外语不断线课程体系建构研究[M]. 苏州：苏州大学出版社，2020.

[19]赵岩. 大学英语智慧教学发展研究：评《翻转课堂模式下的大学英语教学改革及创新优化》[J]. 外语电化教学，2020（2）：99.

[20]王丽. 基于网络环境的大学英语教学创新发展研究[J]. 疯狂英语（理论版），2018（4）：94-95.

[21]李平. 大学英语教学的新发展和新模式：评《大学英语教学改革与创新研究》[J]. 中国教育学刊，2018（11）：114.

[22]邝江红，兰晶. 基于认知图式理论的独立学院大学英语翻译教学创新发展方向[J]. 佳木斯职业学院学报，2016（11）：268-269.

[23]户晓娟. 高等教育国际化视角下大学英语教学的改革创新研究[J]. 宿州教育学院学报，2015，18（6）：119-120.